PHP くらしラク～る♪ Special Book

キレイがず～っと続く「片づけ」の秘密

『PHPくらしラク～る♪』編集部［編］

PHP

はじめに

スッキリ整理《せいり》整頓《せいとん》された家で暮らすのは、メリットがいっぱいあることを誰もがわかっています。だけど、なぜか片づかない……。多くの女性が、「収納」以前の「片づけ」に頭を悩ませています。

〝片づけ〟の取材をしていると、先生方が共通して言われることがあります。それは、「日本の家は、ほかの先進国に比べてゴチャゴチャしていてきたない」ということ。原因は、モノが多いことと、諸外国と異なり片づけの方法を親から習ってこなかったからだそう。

そうです、片づけの方法をマスターしていないのに、モノが次々に増えるから家が片づかずイライラするのです。

そこで月刊誌『PHP増刊号くらしラク～る♪』では、子どもがいてもズボラな人でもでき、キレイな状態を保てる片づけの方法をさまざまな角度から紹介しました。

読者の皆様からの反響も大きく、「ルールを作って収納したら、家族が使ったモノをきちんと片づけるようになりました！」「不要なモノを減らしたのですが、片づけが嘘のようにラクちんです！」といった、喜びのお便りをたくさんいただきました。

本書は、それらの記事を抜粋し、再編集したものです。この本を通して、多くの方の家がスッキリ片づき、幸せが訪れることを願っています。

『PHP増刊号くらしラク～る♪』編集部

CONTENTS

キレイがず〜っと続く「片づけ」の秘密

散らかしグセよさようなら！

小松易流 たった15分の片づけ術

あなたにもできる「断捨離」5ステップ

手早く、こまめにやれば片づけは簡単！

ドイツ式の片づけ法で、いつでも人を呼べる家に

Part 2

ラクチン！カンタン！手間なし！

プロが知っている快適家事術

Part 1

収納・家事・心がスッキリ！
目からウロコの片づけ術

スッキリした家なんて、夢のまた夢……
なんて、あきらめていませんか？
モノが捨てられない、しまう場所がない、
やる気がおこらないなど、片づかない原因は人それぞれ。
ここでは、そんな悩みをスッキリ解消する、
さまざまな片づけ術を紹介。
片づけの達人たちの実践ワザを取り入れて、
家をキレイにしていきましょう！

散らかしグセよさようなら!

小松易《やすし》流 たった15分の片づけ術

片づけが苦手な人も、部屋が散らかりすぎて途方に暮れている人も、
たった15分でスッキリ片づく方法をご紹介します。
小松流片づけ術をマスターして、スッキリした家にしましょう!

イラスト／ナカニシ・マナティー

私の肩書きは「かたづけ士」です。その名の通り、これまで数多くのご家庭の片づけをお手伝いしてきました。その中で気づいたのは、じつに多くの主婦が自分は片づけが苦手だと悩んでおられること。

中でも、片づけなきゃと思いながら、なかなか始められないという人が一番多いことです。これは、やせたい気持ちはあるのに「そのうちダイエットするから」と言って、生活を変えないのと同じです。

まとめてやろうとすると、大変だというイメージが強まるばかり。苦手意識をクリアするにはハードルを下げるのが一番です。左上の3つのポ

Point 1
15分以上は片づけない

一気に進めようとすると、必ず挫折します。たとえばテーブルの上なら半分ずつ区切るなど、時間も決めスペースも細分化し、短時間で確実にきれいにすることが大切。

Point 2
片づけの予定を書く

後回しにしないためには、片づけの予定をカレンダーや手帳に記入してスケジュールに組み込みましょう。家族に「明日夜8時から片づける」などと宣言するのもグッド。

Point 3
自宅に人を招く

人に部屋を見せる機会を作ると、「永遠に後回し」状態を強制的に打破できます。友人とのお茶や持ち寄りパーティーなど、気軽な会を自宅で開く企画をしましょう。

イントをマスターし、弱点を克服していきましょう。

ただ、目についたモノをしまうだけでは、本当の片づけにはなりません。私がおすすめするのは今までの状態に「カタをつける」片づけです。4つのステップで部屋をいったんリセットし、二度と散らからないしくみを作っていきます。

それでは、さっそく場所別に具体的なやり方をご紹介していきます。

Profile
小松《こまつ》 易《やすし》
［かたづけ士］

1969年生まれ。高崎経済大学在学中、海外留学で訪れたアイルランドで、「トランク一つで生活できる」ことに衝撃を受けて帰国。2005年に「スッキリ・ラボ」を開業し、片づけのカウンセリングやコーチングを行う。現在は、本や雑誌、テレビなどで幅広く活躍中。主な著書に『1分で身につく片づけ力』（KKベストセラーズ）、『仕事が変わる「ひとこと片づけ術」』（日本能率協会マネジメントセンター）などがある。

基本は4ステップで片づける

**この方法で片づければ、どんなに散らかった部屋も確実にリセットできます。
その効果を知るために、まずサイフで実践してみましょう。**

Step1 出す

あなたのサイフはパンパンになっていませんか？　一度中身を全部出して、サイフを空にして下さい。

Step2 わける

出した中身を種類別にまとめます。お金、カード、ポイントカード、レシートなど大まかな分別でOK。

Step3 減らす

滅多に使わない店のポイントカードや古いレシートなど、不要なモノ、なくてもいいモノを捨てます。

Step4 戻す

お金やよく使うカードなど、確実に必要なモノだけを戻せば、サイフの厚みがぐんと減ってスッキリ！

Column

減量には3つの方法がある

その① 捨てる

単純だけど即効性の高い方法。今すぐ部屋をきれいにしたい人や、モノを大量にため込んでいる人は、捨てることを前提に考えるのがベスト。

その② ゆずる

友人や知人にゆずり、モノを部屋の外に出す方法。本やCD、趣味のグッズなどは、趣味が同じ人にあげると喜ばれる場合が多いので、モノをムダにせずにすむ。

その③ 売る

市場価値のあるモノであれば、ネットオークションなどに売りに出すのもおすすめ。フリーマーケットだと、すべて処分できるとは限らないのでご注意を。

エリア別・4ステップ片づけ術

多くの人がゴチャついているとお悩みのエリアの、とっておきの片づけ方法をご紹介します。

エリア①

リビングの床

家の中でくつろぎの場であるリビングは、家族が最も多くの時間を過ごす場所です。それだけにモノが多く、散らかりすぎて手がつけられない人も多いことでしょう。

でも、片づけはよく使う場所から始めていくのが基本。中でも面積の広い床がきれいになれば、部屋全体がすっきりして見えます。

Step1 出す 2分

散らばったモノを1カ所に集める

1スペースだけでもきれいな床を作り、可視面積を増やしましょう。まずドアの前やテーブル周りなど、よく通ったり、よく使う場所の散らばったモノを1カ所に集めます。

Step2 わける 6分

使用頻度と期限でわける

モノを一つずつ分別して紙袋に入れ、山を崩していきます。アイテム別ではなく、いるかいらないかでわけるのがポイント。すぐに判断できないモノは、執行猶予袋へ。

本棚を片づける4ステップ

本や雑誌が入りきらずに
あふれかえっている本棚を
スッキリさせましょう。

Step1 出す 2分

はみ出している本から手をつける

本棚から本があふれていると、新しく本棚を買おうとしがちですが、収納スペースを増やすと部屋が倉庫のようになるだけ。「厳選された本棚」を目指し、床置きされている本や棚の上の本、横に押し込まれた本などのはみ出し本を集めます。

Step2 わける 7分

使用頻度で分別する

いちいち中身をチェックして分別すると時間がかかってしまいます。過去1年で手にとったかどうかの使用頻度を基準に分別します。ただ、読み返したくなった本や、思い入れの強い本などは残してもOK。古い雑誌は、情報も古いので極力処分します。

Step3 減らす 4分

半分を目標に処分する

はみ出していた本だけを処分するだけでは、これから出会うステキな本などをしまうことができません。できれば本棚の5分の1くらいは、新しい本のために空けておくのが理想。床置きされた本が多かった人は、蔵書量の半分近くを減らすとよいでしょう。

Step4 戻す 2分

整頓せずそのまましまう

残すことになった本は、ジャンルもサイズも気にせず、端からどんどん戻していきます。著者別、背の高さなどできれいにしまいたくなりますが、整頓を始めると作業がいつまでたっても終わらない場合があります。整頓は、別の日にやるほうがいいでしょう。

Step3 減らす 5分

処分して可視率をあげる

いらないモノを処分します。大物は処分が面倒なため、ついそのまま置きっぱなしにしがち。まとめて捨てる日を決めておきましょう。オークションなどで売るのも手。

Step4 戻す 2分

とりあえず床に置く

定位置があれば元に戻します。新たに収納場所を作るために整頓を始めると収拾がつかなくなるので、定位置がないモノは一時的にそろえて床置きし、後日整頓をまとめて行います。

エリア②

キッチンの収納

食器、調理器具、保存食品などいろいろなモノがあるキッチンは、混沌《こんとん》としがち。とくに収納が扉タイプの場合、奥にしまっているモノが見えにくく、取り出しにくいので、何が入っているのかわからなくなることも。

必要なモノが必要なときにすぐ取り出せる、「モノが活きる」収納を目指しましょう。

Step1 出す 3分

食器、調理器具、食材を出して並べる

収納スペースの奥は忘れ去られたモノの宝庫。中身をすべて取り出し、中もきれいに拭いておきます。その時間も考慮し、できるだけ場所を細分化して行います。

Step2 わける 5分

使用頻度と期限でわける

調理器具と食器は、使用頻度で1軍と2軍にわけます。目安はこの1カ月以内に使ったかどうか。缶詰めや乾物などの保存食材は賞味期限内かどうかで分類します。

Step3 減らす 4分

2軍のモノを半分くらいに減らす

2軍の食器や調理器具の中から、今後も出番がなさそうなモノを選んで処分します。なんとなく捨てにくい引き出物の食器類も、人にゆずるなどして極力減らす努力を。

Step4 戻す 3分

1軍、2軍ごとに収納棚に戻す

残すと決めたモノを、収納場所に戻します。この時点で奥までぎっしり埋まるようなら、まだ量が多すぎます。リバウンドしないために、頑張ってもう少し減らします。

Column

簡単減量ルール

収納場所さえ増やせば、部屋が片づくわけではありません。適量まで減量することが先決。モノの価値を活かすため、ルールを決め必要な量だけを厳選して持ちましょう。

ルール① 「入手可能」なモノは捨てる

これを基準にすれば、「後悔するかも…」という迷いがなくなります。

ルール② 「いつか使える」モノは捨てる

これらはなくても困らないモノ。今、着られない洋服も処分の対象です。

趣味・思い出のグッズを片づける4ステップ

捨てるのは忍びないからと、際限なく増えてしまうモノたちも、4ステップで片づけましょう。

Step1 出す 2分

減らして活かす

寝室などに、写真や手紙、趣味の品々を飾っている人は多いはず。でも、寝室はあくまでも寝るための場所です。ベッドの下や収納棚にそれらを置いていると、ホコリがたまり健康を害する恐れもあるので、まずは1スペース分のモノを、全部出して並べます。

Step2 わける 6分

アイテムでわけ、個数をチェック

アイテムごとに分別したほうが、モノの持ちすぎを自覚することができ、どれくらい減らすべきかも考えることができます。数値目標を決めたら、思い入れの強さを基準に分別するとよいでしょう。絶対手放さない、使ってないけどもったいない、思い入れはほとんどないなど、大まかな分別でかまいません。

Step3 減らす 5分

厳選アイテム以外は処分する

思い入れの強さを基準にモノを分けたら、さっそく処分にとりかかります。趣味用品などは、ゴミとして捨てるだけでなく、同じ趣味を持つ人にゆずるのもよいでしょう。コレクターグッズなどを捨てるのはもったいないかもしれませんが、過去のモノに執着しすぎると、未来の楽しみの妨げになります。

Step4 戻す 2分

厳選アイテムだけ戻し、残りはBOXへ

捨てずにとっておくモノは、思い出BOXにしまって押入れなどに収納します。その際、箱は段ボールではなく、素敵な箱のほうが大切に保存できます。ディスプレイしたいモノは、自室かリビングに飾りましょう。ディスプレイするときは、できるだけ飾る数を絞るのがコツです。

Step Up アドバイス よく使うモノは取り出しやすい位置に

キッチンの収納は、棚よりも引き出しのほうが、きれいに使いやすく整頓できます。どの場所であれ、よく使う1軍モノを、一番取り出しやすい場所に置きましょう。引き出しなら1軍を手前、2軍を奥にしまいます。取り出しにくい高い棚には、あまり使わないモノをしまいます。食器を見栄えよく美しく飾りたいときは、こだわりの食器を1軍にし、インテリア棚に並べ、2軍は普段用の食器として、引き出しなどにしまいましょう。

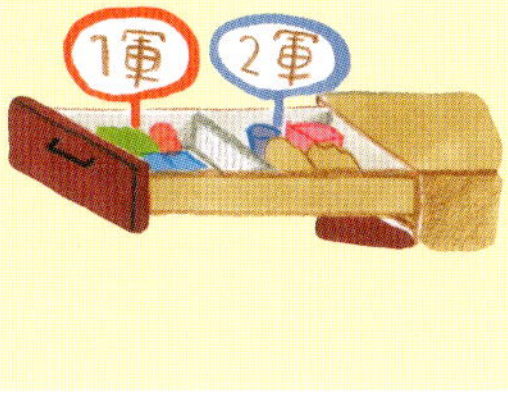

エリア③

シンクのまわり

調理台やシンクにモノが多くあると、全体が散らかって見えてしまいます。ゴチャゴチャしたキッチンでは料理をするのが億劫《おっくう》になったり、人の目にふれたときに恥ずかしい思いをすることも……。

　使い勝手がよく、いつも清潔で気持ちよく使える状態になるよう、いったんリセットしましょう。

Step1　出す　3分

はみ出し器具、食品を集めて並べる

調理台やシンクまわりには菜箸や鍋つかみ、調味料など細かいモノが散らばりがち。いったん全部まとめてテーブルの上に置き、空になった台を隅々まできれいに拭きます。

Step2　わける　5分

使い道が明確かどうかを基準に分別する

定位置が決まっていない上、用途がはっきりしていないモノが多いことが、散らかりの大きな原因。グッズも食品も、使い道が明確なモノとそうでないモノに分別します。

Step3 減らす 4分

今すぐ使わないモノは処分する

「いつか使えるかも」も、モノが増えて散らかる元。使う予定がはっきりしないモノは、処分します。いただきものの嗜好品のビールなども、不要ならばよく飲む人にゆずるとよいでしょう。

Step4 戻す 3分

定位置を決めて戻す

鍋つかみや菜箸はコンロのそばというふうに、残したモノは動線を考えながら、使いやすいところに定位置を決めて収納します。調理台に何もモノがない状態が理想です。

Step Up アドバイス

キッチンの棚を活用するコツ

シンクの上にある棚などを、「一度モノをしまってしまうと、そのまま忘れてしまうから」といって、上手に活用できていない人がときどきいます。そんなときは、モノをしまう場所に、モノの名前を書いたシールなどを貼っておくとよいでしょう。収納スペースを十分活用すれば、さらにキッチンまわりはスッキリするはずです。

冷蔵庫を片づける 4ステップ

無駄な買い物をしたり、モノを腐らせないためにも、冷蔵庫はスッキリさせましょう!

Step1 出す 2分

1スペース分の食品を出す

冷蔵庫というのは、食品をおいしく食べるための一時的な保管場所です。買いだめして倉庫のように使っていると、電気代の浪費にもなるので気をつけてください。冷蔵庫がぎゅうぎゅう詰めの場合は、スペースを4～5分割してとりかかりましょう。取り出したスペースを、きれいに掃除することも忘れずに。

Step2 わける 6分

賞味期限をチェックし、2分割

賞味期限を確認しながら、食べられるモノと食べられないモノの2つに分けます。手作りの保存食品は、保存した時期と、見た目やニオイなどで判断しましょう。麺類に付属のスープ、焼きそばの粉ソースなど、「いつか使うかも」というおまけ食品は、結局ほとんど使わないのですべて処分しましょう。

Step3 減らす 5分

食べられないモノは処分

賞味期限を過ぎた食品、いたみかけている食品はすべて処分します。油やドレッシングなど、捨て方に迷いそうなモノがあったら、自治体のホームページやパンフレットで確認してください。デザートについてくるスプーンなど、食べ物以外のモノも、すべて処分します。

Step4 戻す 2分

食べられるモノだけ元の位置へ

とくに夏に片づけるときは、短時間でも食品の鮮度が落ちやすいので、15分以内をめどにスピーディに片づけ、元に戻しましょう。食品を戻したあと、最初は暗かった庫内が明るくなって、奥にある食品まで見渡せるようになっていれば成功です！

Step Up アドバイス　食後のルールを作ろう!

料理はなんとか作ったけれど、後片づけまではしっかりできない…なんて人も多いはず。キッチンの汚れは放置すると、日に日に頑固な汚れになって、きれいにするのが大変。そこで、汚れた食器をためがちな人は、1日1回、食後30分以内に洗うことをルール化します。21日間続けて習慣化したら、徐々に回数を増やすとよいでしょう。また、食器を洗ったあとはシンクまわりをひと拭きする習慣もつければ、ほんのひと手間で水垢がつくのを防げます。

何とかしたい!

子ども部屋の片づけテク

いくら片づけても、すぐに散らかってしまう子ども部屋。小学生になったら、子どもには自分で片づける習慣をつけさせたいものです。そのためのおすすめの方法をご紹介します。

1 モノが多すぎると混乱のもと!

子どものおもちゃは、年々増える一方。物の数が多ければ多いほど、子どもが自分で管理するのは難しくなり、部屋が散らかる大きな原因に。1軍と2軍にわけて量の上限を決め、それを超えたら処分を検討することも必要です。

2 仕切りすぎると覚えられない

定位置を決めるのは片づけの基本ですが、細かく仕切りすぎると子どもが覚えきれず、結局長続きしません。1カテゴリーにつき棚の1スペースや、箱1つぐらいのわけ方でOK。中身が見えない箱などには、ラベルを貼ります。

3 「出したらしまう」を習慣に

定位置を決めたら、必ずその場所に戻す習慣をつけることが大切。「出したらしまう」ことを、根気よく教えましょう。毎日遊ぶようなゲーム類も、置きっぱなしにせずいったん片づけます。区切りをつけて次の行動に移れます。

4 親が勝手に捨ててはダメ

たとえずっと使っていないモノも、親が勝手に処分するのは避けましょう。しばらく押入れにしまっておいたり、祖父母の家に預けるなどして一度距離を置くと、もう使わないことを子どもも理解でき、処分しやすくなります。

エリア④

寝室のクローゼット

寝室は体をゆっくり休めるための場所。雑然とした状態ではリラックスできません。

寝室が散らかる最大の原因は、クローゼットに入れずに山積みしていたり、脱いだあとそのまま置きっぱなしにしている洋服です。クローゼットがきちんと片づけば、寝室そのものもかなりスッキリします。

たかが片づけと思うかもしれません。でも、片づけをすると、単に部屋がキレイになるだけではありません。

Step1 出す 2分

洋服、小物を1スペースずつ出す

1区画分ずつ区切って、中のモノを取り出します。ハンガーにかかったモノだけでなく、きれいにたたんで引き出しにしまってある服も、いったんすべて出すのがポイント。

Step2 わける 7分

アイテム別に紙袋に放り込む

洋服は高価な分、迷いが出やすいので、いるかいらないかの判断は後回しにします。大まかにスカート、パンツなど5つ程のカテゴリーにわけて、大きな紙袋に分別していきます。

Step 3 減らす 4分

今着る服だけ残し、あとは処分

分類した袋を開けて、減らす服を決めます。判断基準は「着られるか」ではなく「着るかどうか」。実際に着てみて、コーディネートがうまく決まらない服も処分対象に。

Step 4 戻す 2分

アイテムごとにクローゼットにしまう

残すと決めた服を収納します。洋服は流行のモノを毎年買いたくなるので、そのための空きスペースを確保しておくことが大切。余裕ができなければ、再度減量します。

Step Up アドバイス

悩みが解決する収納を考えよう

着たい服がすぐ見つからない人は、アイテム別にわけてラベルを貼るなど、自分に合った方法で収納を。

Column

今までと逆の行動を21日間続ける

21日間意識して新しい行動を続けると、それ以降は無意識の習慣になります。玄関が汚いなら、靴をそろえることから始め、次は荷物を置かないなど、一つずつ習慣を増やしていつもきれいな玄関を実現しましょう。

きちんと片づいていれば、まず探し物の時間が減ります。余計なモノがないので、掃除もササッと短時間ですませることができます。結果、自由に使える時間が今までの何倍にも増えることになるのです。

つまり片づけとは今の自分をリセットし、新たな出会いやチャンスを受け入れる準備をすることだと言えるでしょう。実際、片づけ下手を克服した人たちは、誰もが本当にイキイキと毎日を過ごしておられます。みなさんもぜひチャレンジしてください。

あなたにもできる「断捨離」5ステップ

「断捨離」とは、ただひたすらにモノと向かい合うという〝片づけ術〟です。だれもが自分のペースで取り組めるメソッドなので、この機会にぜひ始めてみませんか？

イラスト／ナカムラ ヒロユキ

　片づけても片づけてもすぐ元通り。散らかしているつもりはないのに、リビングもキッチンも雑然として「はぁ～」とため息ばかり……。「もしかして、私って片づけられないダメな女」と自分を責めていませんか？

　ハッキリ言いますが、それは大きな間違いです。片づかないのはやる気がないからでも、ましてや片づけの能力が劣っているからでもありません。**原因は、モノの要・不要を見極める感性が鈍っていること**。「捨てるのはもったいない」「いつか使うかも」というモノへの執着が、感性を鈍らせているのです。

　そこで、登場するのが「断

Profile

やましたひでこ
［クラターコンサルタント］

学生時代、ヨガの行法哲学［断行・捨行・離行］に出合う。現在は住まいと心のガラクタを取り除くセミナーを実施中。著書に『新・片づけ術　断捨離』（マガジンハウス）などがある。

断捨離と収納の違い

断捨離と収納は似ているようでまるで違います。最も大きく違う点は、家の主役が「モノ」か「私」かです。この視点の違いを理解しておきましょう。

収納		断捨離
保存 そのまま inactive	前提	代謝 入れ替え active
モノ	主役	私
物質 もったいない 使用可能	重要軸	感性 ふさわしい 必要・適切・快適
過去・未来 かつて・いつか・ そのうち	時間軸	現在 いま
回避	意識	選択・決断
多い	手間	少ない
要	技術	不要
要	場所	不要
要	収納グッズ	不要

断捨離の位置づけ

断捨離でモノの絶対量を減らせば、収納も自然と上手くなり、掃除もラクになります。この順番はとても重要です。

断捨離　モノを絞り込むことで、絶対量を減らす。

↓

収納　所定の場所にモノをしまう。

↓

掃除　掃く・拭く・磨くでホコリや汚れをとる。

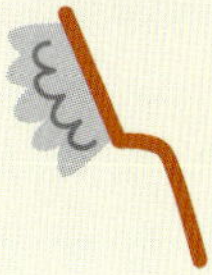

捨離」です。三つの漢字にはそれぞれ、

●断：モノの流入をせき止める。

●捨：不要、不快、不適なモノを減らす。

●離：不要なモノから離れ、自分にふさわしいモノといい関係を築く。

といった意味がありますが、これらは片づけのテクニックではありません。最大の目的は、モノへの執着を取り払うこと。断捨離はそのための手段なのです。

断捨離で、モノの要《い》る・要らない、快・不快を感じる回路を取り戻せれば、自《おの》ずと家の中もキレイに片づいていきます。不要なモノがない気持ちのよい生活をぜひ、あなたも手に入れてください。

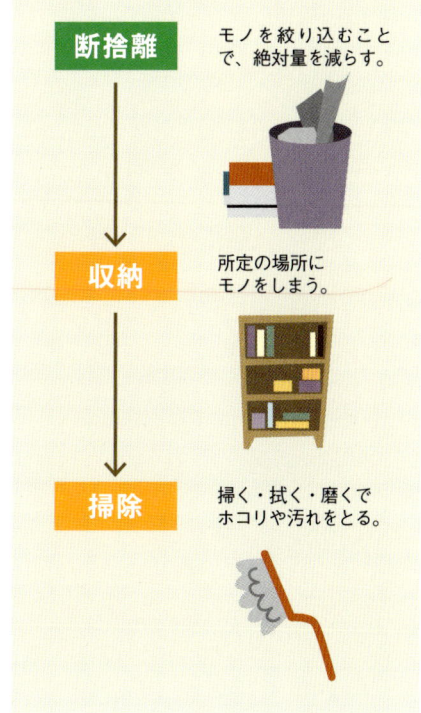

苦手なところは後回しで、いざスタート！

今、自分の家がどんな状態かを確認してから、いざ断捨離をスタート！
5つのステップで具体的にモノとの関係を問い直していきます。

まずは

自分の現在地をチェック！

断捨離を始める前に、まずは下の表で、現在のあなたの家の状態を確認しましょう。あなたが「住まい」だと思っている家は、「物置」や「ゴミ置き場」かもしれません！

		状態	モノとの関係
断捨離前（ヘドロ界）	分別できない	**ゴミ置き場** モノが大量に蓄積してヘドロ化している。 	**モノが主役** モノの量、質に無自覚 
断捨離（陸地）	分類できる	**物置** モノが雑然と置かれている。 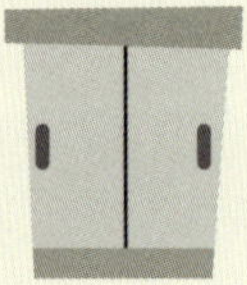	**モノとの関係を問い直す** モノの量と質に意識が向き、要・不要の判断をするようになる。捨てる迷いと向き合う。
	選択できる	**住まい** モノが適量で整頓されている。 	**自分が主役となる** モノの要・不要の判断が速い。もったいないを言い訳にしない。 
	厳選できる	**自在空間** モノが必要最低量あり、機能美を発揮。	**モノと仲良しになる** モノを厳選して取り込み、使いこなし、使い切れる。

Step 1 ラクに取り組める場所を見つける

わが家の現在地が「ゴミ置き場」だったからといって、いきなりモノがぎっしりの押し入れや片づかない食料庫に取り組む必要はありません。**苦手なところは後回しでいいんです。**

最初はダイニングテーブルの上など、捨てる、捨てないの判断がつきやすそうなところ、気力、体力ともに負担の少ないところを1カ所選びましょう。

それを続けるうちに自信がついて、どんどん片づけのやる気が出てきますよ。

Step 2 モノの要・不要を仕分ける

場所を決めたら、次はモノの仕分けです。判断基準はゴミであるかどうかです。断捨離では、**ゴミ・ガラクタの定義を「自分軸からブレたもの」と「今という時間軸からズレたもの」**としています。

たとえば「もらったモノだから捨てられない」というのは他人軸。「将来、必要になるかも」と考えるのは未来に軸を置いている証《あかし》。これらの軸を「自分」と「今」に戻し、必要なモノを選べる目を養いましょう。

Step 3 不要なモノを手放す

必要・不要がわかってきたら、不要なモノを手放していきますが、その方法にも段階があります。

ネットオークションで売ったり、リサイクルするというのは、実はかなり高度なワザ。放置してしまう可能性も大きいので、**最初は思い切って廃棄処分を**。断捨離が身についてきたら、リサイクルもできるようになります。

手放し方の順序

- 廃棄処分
- もらってもらう

↓

- あげる
- 売る

↓

- リサイクル
- リメイク

Step 4 モノの総量を規制する

不要なモノを手放して〝家の減量〟に成功した後は、モノの総量を制限します。押し入れなどの**見えないところも常に3割ほどの空間を設けておくようにします**。断捨離では収納スペースを増やさないのが基本ですから、買い物も厳選できるようになります。スペースに制限のある家ほど、要・不要の感性が磨けます。

場所別のモノの比率

見えない場所 タンスやクローゼット、冷蔵庫など	モノ 7割	空間 3割
見える場所 ガラス扉の食器棚、オープンキャビネットなど	モノ 5割	空間 5割
見せる場所 玄関の棚、床の間、壁など	モノ 1割	空間 9割

Step 5 定期的に見直す

最後が時間の規制です。どんなに効く薬でも有効期限が切れると効果がなくなってしまうように、モノとの関係もいずれ終わりを迎えます。いつかは不要になるモノと認め、一定期間ごとに見直しをして1～4のステップを繰り返しましょう。期間は人によって違うので、自分軸で設定してみてください。

片づけがどんどんラクになる!

断捨離でストレス減少

ここで紹介した断捨離のステップ1〜5を繰り返していくうちに、モノの量や質に意識が向き、要・不要の判断がどんどん早くなっていきます。そうなればしめたもの。家は、モノが主役の「ゴミ置き場」や「物置」ではなく、自分が主役の「住まい」や「自在空間」へとどんどん浮上していくでしょう。

初めのうちは、「まだ使えるモノを捨てるなんて」と、罪悪感でいっぱいになる人もいるかもしれません。モノとの対話は自分との対話であり、つらい状況に陥《おちい》ることもあります。ですが、快適に暮らすためには避けることのできない過程なのです。その感情を勇気をもって受け入れてください。苦しいことばかりではなく、不要なモノから解放されていく爽快感だってあるのですから。

モノがあふれる時代だからこそ、今の自分にふさわしくないモノを取り除いていく「引き算」の発想が必要です。断捨離を習慣づけると、買い物行動も劇的に変わります。感性が研ぎすまされ、安易にモノを買わなくなるのです。すると片づけに費やす時間も驚くほど減少するでしょう。ストレスも減り、毎日の時間にゆとりさえ生まれてくるはず。

さあ、今日からレッツ断捨離で、自分のまわりで起こるさまざまな素敵な変化を楽しもうじゃありませんか。

手早く、こまめにやれば片づけは簡単！

ドイツ式の片づけ法で、いつでも人を呼べる家に

すべてのモノに収納場所を作ればすっきりした印象に！

ドイツと日本、この2つの国のライフスタイルといえば、私はすぐに「お招きの文化」の違いを思い浮かべます。

ドイツでは、人を招いたり、招かれたりすることがしょっちゅうあります。そのため、突然の来客でも招き入れてお茶を出すのが一般的です。

それに較べ、日本ではそれほど人を招くことが多くないように思えます。お招きするとしたら朝から家を片づけて、けっこう大ごとになったりすることも。ドイツ人が人を気軽に招き入れられるのは、いつも家の中がすっきりと片づいているから。

ポイントは、すべてのモノの収納場所を決めること。すべてのモノがあるべき場所に片づいていれば、毎日掃除機をかけなくても、部屋はすっきり見えるのです。

また、**モノをしまう場所を作ると**

Profile

門倉《かどくら》多《た》仁《に》亜《あ》

［料理研究家］

1966年生まれ。ドイツ人の母、日本人の父を持ち、日本、ドイツ、アメリカで育つ。国際基督教大学を卒業後、外資系証券会社を経て、夫の留学に伴いロンドンへ。そこで「ル・コルドン・ブルー」で料理を学ぶ。帰国後、料理教室を主宰する傍ら、テレビ・雑誌などで料理をはじめドイツのライフスタイル全般を発信している。

写真／小堺正紀
文／藤村美穂

人を招き入れるリビングはいつもすっきり。毎朝、新聞や雑誌など、出ていたモノを元に戻す程度で写真のような状態に。

トレイにまとめた文房具類。机に直にカップを置くと輪じみになるので、コースターもここに入れておく。

むき出しだと見苦しいパソコンのケーブル。ホコリもたまりやすいので棚に乗せ、空き箱のフタを目隠しに。

ファイリングすべき紙類は箱に放り込んでいき、一杯になったら綴じる。同じ種類のファイルですっきり。

リビングのたんすに吊るしてある天然素材で作られたダスター。目についたホコリをすぐ取ることができる。

きは、使う場所になるべく近く、一緒に使うモノは一緒にしまうようにしましょう。宅急便を出すときに使う箱や袋、ガムテープ、カッター、伝票などは一緒にしておいたり、筆記用具類をまとめてトレーに乗せて机の上に置いたり。「この箱には○○関係のモノ」程度に分けて、ポイポイ投げ込めばいいようにしています。

　ただし、何でも隠すほうがよいわけではありません。ほうきやはたきなどは、気づいたときにさっと使えるよう、手にとりやすい場所に置いておきます。ベランダ掃除に使うほうきを窓辺に吊るすなど、生活の動線を考えてモノの置き場所を作れば、使うときにも片づけるときにもストレスにならないのです。

水回りは、使いながら掃除する。キッチンは床にも調理台にもモノを置かない

お風呂場には常にスクイージーがスタンバイ。すぐ手に取れる位置にあると、面倒な掃除も習慣にしやすい。

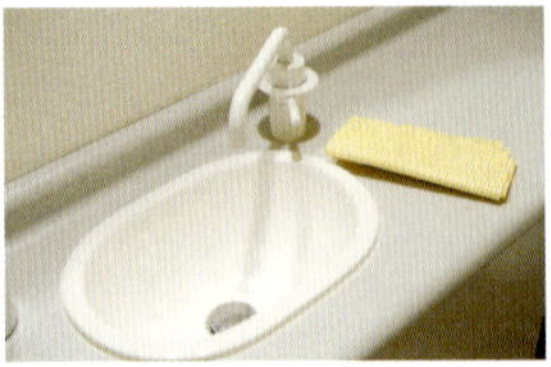

トイレの洗面台は水が滴《したた》るので、クロスで拭いて水垢をガード。人が来たら下の収納棚にさっとしまえばOK。

かさばるタッパーは、かごに入れて冷蔵庫の上に

とにかくかさばるタッパー類。しまおうとするとそれだけで場所をとってしまうので、かごに入れて冷蔵庫の上へ。しまうときは投げ込むだけなのでラク。

ドイツでは、片づけと掃除を完全に分けて考えます。日本では、片づけと掃除を混同して考えている人が多いのではないでしょうか。忙しい現代の生活では、毎日掃除するのは大変。でも、片づけだけならそれほど時間をかけずにできるのです。

　私の場合、掃除機をかけるのも洗濯機を回すのも週に一度だけ。ただし、水回りだけは放っておくとあとが大変なので、毎日手を入れるようにしています。

キッチンは、床にも調理台の上にもなるべくモノを置かない。掃除が面倒だからこそ、ストレスなく掃除できるように。

普段使いの食器は シンク上の棚に置ける分だけ

毎日の食事に使うのは、シンク上の棚の食器だけ。素早く準備ができ、片づけもラク。ずっと同じ食器だと飽きるので、母や妹と交換し合ったりも。

洗面台は、スポンジで鏡と洗面ボウルを拭いて、自分が使ったタオルで水滴を拭い、タオルはそのままランドリーボックスへ。トイレも自分が使ったあとにブラシでこすり、お掃除用のトイレシートを半分に切ったもので、便器全体を上から順に拭いていきます。最後に、床と壁を拭いておしまい。

こうして水回りだけは毎日マメに掃除をしていますが、それぞれ5分程度で終わる簡単なもの。部屋の片づけとベッドメーキングまで合わせても、全部で30分もかかりません。

私がキッチンで大切にしているのは、動線を考えてモノを収納すること。野菜を洗う

エコバッグの中身はリサイクルに出すペットボトル

スーパーのリサイクルに出そうと思っていても、うっかり忘れがちなペットボトルや瓶類。エコバッグに入れてドアに引っかけておけば忘れない。

オーブン周りで使う天板などは立てて収納

意外と種類が多いオーブンの天板や網は、取り出しやすさを考えて、ブックエンドに立てて収納。場所も取らず、目当てのものが簡単に見つかる。

スーパーの袋や新聞紙はゆとりを持たせてストック

キッチンにスーパーの袋や新聞紙があると何かと便利なので、シンクの向かい側に置いた棚に、専用の引き出しを作成。ただし、詰め込みすぎはNG。

ときに使うざるやボウルはシンク下に。調味料はコンロから手を伸ばしやすい棚に。ペットボトルや瓶類は、キッチンのドアに引っかけたエコバッグの中に洗って放り込んでおけば、忘れずに持っていけます。

そして、床にも調理台にも、なるべくモノを置かないようにするのが大切なポイント。モノを置くと、そこにホコリがたまるし、どかすのも面倒なので、掃除が億劫《おっくう》になります。唯一の例外は、コンロの横に置いたキッチンツール。ヘラや菜ばしなどの道具類だけは、すぐに使えるようにしています。

家を居心地よくするには、

大きな袋の駄菓子類はかごの中にポイポイ

常備してある駄菓子類も、袋が大きくてかさばるモノの一つ。深めのかごに入れて、上にクロスをかければ見た目もすっきり。

調理中の生ごみはトレイに新聞紙を敷いて

掃除が大変な三角コーナーは置かない主義。代わりにトレイを用意。新聞紙を敷いて生ごみを入れていき、最後は新聞紙ごとごみ箱にポイ。

スパイスや食器は回転トレイに乗せて

こまごまとした調味料は、くるっと回せる回転トレイに乗せておくと、奥のモノも簡単に取り出せて便利。ご飯茶碗などの食器類にも応用している。

意外に汚れがたまるキッチンマットは敷きません

床がまっさらだと、水が垂れても油が跳ねても、雑巾で拭きやすい。手軽にきれいを維持するため、掃除が面倒になるマットは敷かない。

自分なりのスタイルを作ることが大切です。私の場合は母がドイツ人ですので、ドイツ式に染まってしまいましたが、日本では伝統的な和のスタイルと西欧風のスタイルのどこで折り合いをつけるのか、ということを考えて、自分なりのスタイルを編み出していく必要があるのかもしれません。

　スタイルさえ決まれば、あとはそれに沿って、使いやすい収納やインテリアを考えていけばいいでしょう。畳のお部屋を洋風に使いたいなら、ラグを敷いて家具を置くようにしてみたり、あれこれ工夫をしてみるのも、楽しくていいものです。

視点を変えれば暮らしも変わる!

片づけ下手が片づけ上手になる方法は?

モノを減らしたり、しまう場所を決めれば、部屋は自然と片づきます。ところが、つい面倒になって実践できない人は多いはず。そこで大事になってくるのが、片づけの目的を明確にすることです。

イラスト/あかさかひろこ

Profile

阿《あ》部《べ》絢《あや》子《こ》

[生活研究家・消費生活アドバイザー]

共立薬科大学卒業。家事・生活全般の豊富な知識を生かし、多方面で活躍。世界各国の家庭にホームステイし、暮らしを研究している。『家事の手帳』(グラフ社)他著書多数。

この本を手にとられたということは、少なからず「自分は片づけ下手」だと感じられているのでしょう。では、そんなあなたに質問です。

「何のために片づけたいのですか?」

さて、すぐに答えられたでしょうか。「えっ」と戸惑った方もいたのでは。「散らかっているから」は理由であって、目的ではありません。

よく考えれば、「人を呼びたいから」「ゆっくりお茶を楽しみたいから」など、いろいろ挙げられると思います。でも、モノが散乱した部屋を眺めていると、「片づけないと」という思いだけに囚《とら》われてしまい、その先の目的を見失ってしまうことが多いのです。

もちろん片づけるには、モノを減らしたり、指定席を作るなどシステムを整えることも必要です。けれども、それ以上に大切なのは、**「何のために片づけるのか」をしっかり認識すること**。そこが抜けているから、さまざまな言い訳が出てきてしまうのです。

片づけは面倒な作業です。だからこそ、ただの義務にならないように、自分の気持ちを前向きにもっていきましょう。まずはじっくり目的を考え、自分の中の片づけに対するやる気を育ててください。それが、片づけ上手になる第一歩です。

なぜ片づかないのか？

まずは片づかない原因を知ることが大切です。

「元に戻す」までが作業

家での基本行動は、「寝る」「食べる」「着る」「入浴する」「くつろぐ」の5パターン。このどれにも片づけが発生します。

たとえば食後、使った食器は次に使うために洗って食器棚に戻さないといけません。衣類も洗濯して収納ケースにしまっておかないと、着る服がなくなります。

私たちは日々、モノを「使い」「手入れし」「元に戻す」という3つの工程を繰り返しています。**部屋が片づかないのは、最後の「元に戻す」という工程が先延ばしになったり、抜けているからです。**昨日使った調味料がシンクに出しっぱなしになったりしていませんか？

一度、自分の行動を振り返って、「元に戻す」までしっかりできているかチェックしてみましょう。

スペース以上のモノは持たない

どんな小さなモノでもしまう場所が決まっていないと、元には戻せません。まずは、モノに対して指定席を設けることが必要です。そして、その指定席に収まる分量以上は持たないのが鉄則です。

そこで注意しなくてはいけないのが、趣味のモノや手紙、領収書など、ついついためてしまいがちなモノ。気づいたら、スペースからはみ出していることがよくあります。これらのモノを上手に管理するポイントは、**増えることを見越して指定席を広めにとっておくことと、本当に必要か見直すこと。**スペースに入るからといってどんどん詰め込んでしまうと、あとで整理するのが大変です。趣味のモノでも好みが変わることはあるので、買い足すとき、しまうときにきちんと判断してください。

片づけを習慣にする

「使ったら元に戻す」ことは、ある意味、習慣です。片づけができない人は、「使う」と「戻す」を別々の作業として捉《とら》えており、逆に片づけられる人は、「使ったら元に戻す」ことが一連の作業として組み込まれています。

私たちはいちいち考えなくても顔を洗ったら化粧水や乳液をつけ、食後には歯を磨きます。同じように、片づけも何気ない日々の習慣にすることが大事なのです。

片づけられない人の言い訳

散らかった部屋を何とかしたいとは思っているけれど、忙しくて……。あなたの片づけられない理由は、単なる言い訳になってはいませんか？　自分に当てはまるものがないか振り返ってみましょう。

●疲れている

誰にでも疲れて何もできない日はあります。でも、元気なときも、ほかのことばかり優先して、片づけは後回しになっているのでは？　片づけの優先順位を上げましょう。

●時間がない

自分を納得させ、家族を黙らせる最強の言い訳です。でも、1日5分片づけるだけでも部屋の状態は大きく違ってきます。時間ではなく、やる気の問題かもしれません。

●いつかやる

晴れたら、引っ越したら、年末には……と結局先延ばし。「そのうちやる」と、自分を甘やかしてはいませんか？　決心しなければ「いつか」はやってきません。

●家が狭い

収納スペースがないから片づかないのではなく、スペース以上のモノがあるから片づかないのです。適量を意識しないと、収納スペースが増えても散らかっていきます。

片づけ上手になるルール作りをしましょう

家族全員で片づけについて考え、することを決めましょう。

家族が片づけやすいシステムにする

家族に協力を仰ぎたくても、しまう場所ややってほしいことが曖昧《あいまい》だとなかなかうまくはいきません。まずは、小さい子どもでも片づけられるように、明確なシステムを作りましょう。

明確とは、具体的にすることです。**たとえば、洗濯物は脱いだら〝青のかご〟に入れる。弁当箱は各自で洗って〝キッチンのテーブル〟に置く――など方法を明確にします。**また、主婦の動線で収納が決まるキッチンなどは、かごに「乾物」「缶詰め」などシールを貼っておけば、モノのありかが一目瞭然《いちもくりょうぜん》です。

このように、「どこに何があり、どうすればいいか」がはっきりしていれば、家族は協力しやすくなります。ただ、年代や家族の人数の変化により、モノは増減し、片づけやすい方法も変わるので、定期的にシステムを見直していきましょう。

家族皆でルールを決める

主婦の多くが家事一切を仕切っているため、片づけも一人で背負いがちです。

でも、家は各自の私物が持ち込まれた場所でもありますから、片づけも皆で行うのがベスト。家のことを把握しているのが主婦一人だと、旅行や入院で家を空けたときに困るのは、残った家族です。

システムが整ったら、家族共通のルールを皆で話し合って決めましょう。**基本は「使った人が元に戻す」ですが、「リビングの私物は、1週**

間出しっぱなしになっていたら捨てる」など、片づいていなかった場合までルール化しておくことがポイントです。

衣食住にまつわる後始末は、暮らしていく上での基本であり、生活は一人ひとりが自立して成り立つものです。ルールは生活力と直結しますから、子どものためにも家族全員で片づけを行ってください。

3つの“ぱなし”に注意しよう

モノを使ったら、片づけることがスッキリ暮らすためのルールです。でも、つい「あとで」と“やりっぱなし”にしていませんか？　とくに次の3つの“ぱなし”に気をつけてください。

●食べっぱなし

食器を流しに持って行っても食器に残った食べ物はそのままで、洗うのも後回し。飲み終わったペットボトルもそのまま。

●脱ぎっぱなし

脱いだ洋服を、椅子にポイ。ジャケットはハンガーに掛けても、カーテンレールに引っ掛けたままで、気がつけば暖簾《のれん》状態。

●使いっぱなし

ハサミ、ペン、読みかけの本などがテーブル周りや棚の上に散乱。使うたびに移動するので、いつまでも出しっぱなし。

コツがわかれば、がんばらなくてもキレイは続く

「片づけ」をいかに習慣化できるかがポイントです。

いつも部屋がスッキリと片づいていると、気持ちよく過ごせます。どこに何があるか把握できているので無駄な買い物が減って節約になり、モノを探す余計な時間もなくなって自分の時間が増えます。そうなると心にゆとりも生まれ、イライラしなくなり―。これって、皆さんが憧れる、まさに理想の生活ではありませんか?

暮らしていれば、必ず部屋は散らかります。**片づけは、避けては通れない作業なら、なるべくストレスをためずに、楽しく行えるように工夫してみましょう。それには、やはり片づけを習慣にしてしまうのが一番です。**

けれども、年を重ねるにつれてこの習慣は身につけにくくなり、片づけにも今以上の労力が必要になってきます。ですから、子育て期の方は今が頑張りどきなのです。モノが一番増えるこの忙しい時期をうまく乗り越えられれば、この先の人生と暮らしは必ず豊かなものとなります。

家は家族がくつろぎ、明日のエネルギーを充電する大切な場所。家が風通しよく、スッキリとしていれば、会話が楽しく弾み、家族の笑顔も増えるでしょう。

片づけは家を心地よい空間にし、暮らしを豊かにする大切な作業です。ぜひ面倒がらず、前向きに実行してください。いつもと違った視点で片づけに取り組んでみると、いろいろな発見があり、ベストな方法も見つかると思います。

家がスッキリ片づいている人のルール

同じような忙しさなのに、家の中が雑然としている人もいれば、キレイな部屋をキープしている人もいます。その違いは何なのでしょうか？　片づけ上手な人に共通するルールをご紹介するので、参考にしてください。

●その都度、判断する

ダイレクトメールやブランドの紙袋など、その都度いる・いらないを判断。いらないモノといるモノがまぎれないので、片づけもラクに。

●片づける時間を決めている

朝、家族を送り出してからの15分、夜寝る前の15分など、1日の中で片づけタイムを設定。無理のない範囲で続ける工夫をしている。

●私物は個人で管理

私物をリビングなど家族共通の場に持ち込まない習慣ができている。一時的に持ち込んでも、自己管理が徹底しているので、置きっぱなしがない。

●「すぐ」片づける

使ったらすぐ手入れをし、手入れが終わったらすぐに元に戻す。しまうまでの時間を空けないので、片づけるためのまとまった時間が必要なくなる。

フランス仕込みの家事術

キレイな道具と居心地のいいキッチンで、料理も楽しく!

三種の神器で頑固な汚れをスッキリ落とす

私のモットーは、ムダを減らすこと。労力はなるべく少なく、時間もかけず、頭とセンスを使って気持ちのいい生活がしたい。

そんな私が最近凝《こ》っているのが、掃除の合理化です。労力もストレスも少ない掃除を考えてたどりついたのが、少し前に流行《はや》った重曹を使う掃除法。ただ、重曹だけではなく、私はクエン酸と中性洗剤も加えて〝三種の神器〟にしています。

たとえば、**お風呂場の水垢《みずあか》やトイレの便器には酸性のクエン酸。汚れが手早く落とせます。反対に、油汚れや手垢などの汚れには、アルカリ性の重曹を使います。**

ただし私の経験では、重曹で頑固な油汚れを落とすのは大変! そこ

Profile

脇《わき》 雅世《まさよ》 [料理研究家]

1977年に渡仏、「ル・コルドン・ブルー」パリ校で料理を学び、「トゥール・ダルジャン」等で研修を重ねる。マツダ・レーシング・チームの料理長を経て、帰国。服部栄養専門学校国際部ディレクターに就任。和食やお菓子も得意で、「NHKきょうの料理」講師をはじめ、テレビ・雑誌などでも活躍中。3人娘の母でもある。

写真/三好宣弘
文/藤村美穂

キッチンの扉の裏にタオルかけを取りつけて、洗剤関係の容器を引っかけて収納。重さに耐えられるよう粘着力の高いモノを選んで。

出番の多いわりに、しまいこんでしまって見つかりにくい手袋などの小物も扉の裏にフックをつけて収納。

で編み出したのが、「油は油をもって制す」という裏技です。コンロの近くに置いたビン類や換気扇……、そんなもののネトネトが一発ですっきりします。

まず、**使い古しの油でいいので、布にたっぷり染み込ませます。その布で油汚れを湿布します。すると、汚れが溶けて浮き上がるので布でするりと拭き取れます。**さらに中性洗剤でさっと洗えばOK。これは女性の方ならお馴染《なじ》みの、メイク落としの原理。ファンデーションなどの油脂は、コールドクリームなどで落としますよね。それと同じ理屈なのです。

「なぜこうするのか」という理屈を知っていれば、失敗したりやり損なったりせず、手抜きをしてもいいポイントも見えてきます。

汚れはため込まないほうがいい。汚れにくい道具を選ぶのも大切です

もう一つ、掃除をする上で大切なのが、「汚れはため込まない」ということ。

私は、長くキレイに使える調理器具を選ぶように心がけています。鍋なら、フチ部分が巻き込んであるタイプだと汚れがそこにたまるので、切りっぱなしのものを。やかんなど、洗いにくくて一つの用途にしか使えないものは、なるべく持たないように。スパチュラは白色だと黄ばんで見苦しくなるので、色つきに……といった具合です。

私はつねづね、掃除がしやすく、マルチに使える調理器具が欲しいと考えていたので、ついに自分で商品をプロデュースしてしまいました。大満足の仕上がりで、今は専《もっぱ》らそれらを使用しています。

調理器具だけでなく、キッチンの壁にも気を配っています。自宅のキッチンは、グレーのツヤ消しタイルに黒の目地。目地が黒だと汚れがそんなに目立ちません。

とはいえ、鍋などは使っているうちにだんだん汚れてきます。そんなときには、すかさず鍋磨き。

たとえば、ステンレスの鍋は３００℃以上で加熱すると黄変してきます。

軽い汚れならクリームクレンザーで落ちますが、**ひどい汚れの場合は、ステンレス専用のクレンザーを汚れ部分に塗って、上からラップを貼り付けて湿布します。５分ほど放置してラップをはがし、そのラップを丸めて磨くとピカピカになります。**

道具がピカピカだと、キッチンもすっきりキレイに見えますし、何より気分がいいですよね。道具も長持ちしてお財布にも優しいので、ぜひ取り入れていただきたい習慣です。

脇さんのキッチン道具拝見!

脇さんプロデュースの「O.E.C.シリーズ」（貝印お客様相談室 TEL0120-016-410）。IHクッキングヒータでの使用にも適した材質やデザインにこだわったそう。18cmのフライパンと片手鍋はふたをそれぞれ共有できるのがうれしい。フライパンをそのままオーブンに入れて加熱もできる。

「O.E.C.シリーズ」のスパチュラ。耐熱性のシリコンでできていて、炒めもののヘラとしても使える。黄ばみしにくい黒と赤のカラーがスタイリッシュ。

こちらも脇さんプロデュースのW角鍋。四角い深鍋と浅鍋を上下でセットでき、どちらもふたとして使える。収納しやすい上に、蒸し料理から無水調理までさまざまな調理に活躍する。そのままテーブルにも出せるデザイン。

卵をかき混ぜるときは必ずコレ。フォークやスプーンなども調理器具として活用しているそう。

フッ素加工のフライパンを上手に活用するヒント

●フッ素をかけ替える

フライパンは、フッ素がはがれてきたら捨てるものと思っている方、多いんじゃないでしょうか。でも、フッ素はかけ直すことができます。ですから、安モノを使い捨てにせず、ぜひたしかな質のフライパンを手に入れて欲しいと思うのです。いいフライパンだと、熱の回り方が全然違いますよ。ただし、フライパンの材質によってはできないものもあるのでご注意を。

（問い合わせ／キャニオン　TEL03・3845・0450）

●空焚きはしない

フッ素がはがれる一番の原因は空焚き。フッ素は260～300℃で定着剤が気化するので、フライパンを火にかけて温度を上げすぎると、どんどん剥がれていることに。鍋が冷たいうちに油を入れてから加熱すると、フッ素が長持ちします。

●お湯を煮立ててお手軽メンテ

たまにフライパンに高さ3分の1量ほどのお湯を張って煮立てると、特別なメンテナンスをせずとも、きれいさを保つことができます。魚を焼いたあとのイヤな匂いも取れますよ。

〝くくり収納〟と〝冷凍保存〟で料理をしやすいキッチンに！

私は根が大雑把《おおざっぱ》なので、あまり細かく分けて収納するのが得意ではありません。ですので、収納は〝くくり収納〟を実践。引き出しに入れるものを大雑把に分類して放り込み、整理整頓はナシ。

食器は、種類ごとに引き出しへ。引き出すときに食器がガチャガチャ音を立てるので、100円均一ショップで買った滑り止めマットを敷いて防止しています。

引き出し収納は、汚れてきたと感じたら、その棚だけさっと引き出して掃除できるのも利点の一つ。多少大雑把でも、使いやすいのが大事なのです。

そして、料理研究家としては、余った食材の片づけ法もぜひお伝えしておきたい点です。

和風だしやチキンストックは、多めに作って500㎖のペットボトルに入れて冷凍庫へ。こちらはふたをしたままレンジで1分、ふたを一度あけてもう1分温め、シャカシャカ振るとすぐに溶けます。

余った野菜はもちろん、だしをとったあとの昆布などは、透明な袋に入れて冷凍保存。

ムダにしない精神は、片づけを合理的にし、気持ちのいい生活につながっていると思います。

出すのもしまうのもカンタン！“くくり収納”でスッキリ！

たくさんのスパイス類も引き出しにまとめて収納。パッと見てもすぐ取り出せるように、ふたにスパイス名を書いたラベルを貼っておくのがポイント。

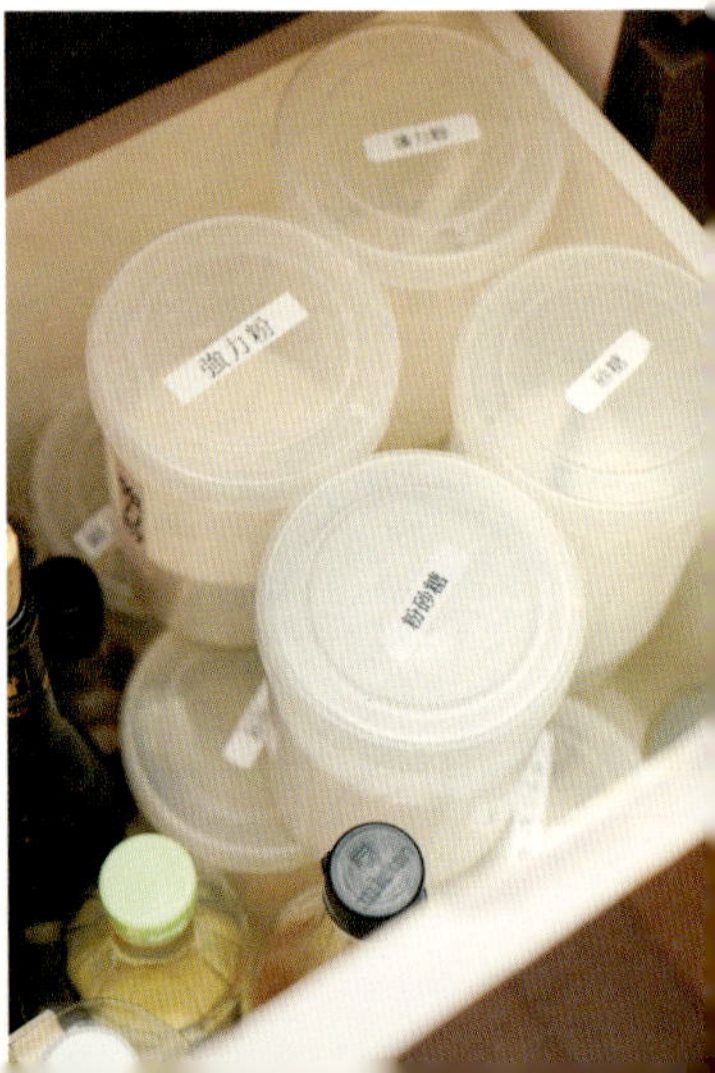

砂糖類や粉モノは、透明の容器に入れ替えて、ふたにラベルを。容器が統一されているとスッキリして見え、取り出しもラクです。

一番上の引き出しは「使う頻度の高いもの」。使う頻度で、調理器具を分類し、3段分の引き出しに収納。

脇流 余った食材の冷凍ワザ

卵白

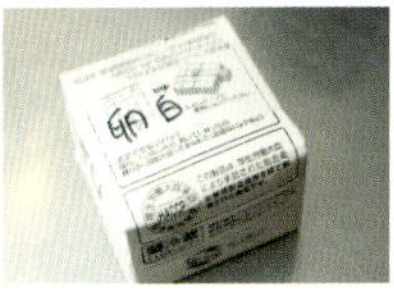

卵白が余ったときは、牛乳パックに入れて冷凍庫へ。冷凍卵白のほうが泡立ちがいいので、メレンゲ作りに重宝します。

昆布

だしをとり終わった昆布は、冷凍庫の袋の中に足していき、量がたまったところで佃煮や五目豆に再利用。

タマネギ、セロリ、ポロネギ

タマネギやセロリなど余った野菜は使いやすい大きさに切って、それぞれ冷凍。スープの香味にもだしにもなります。

レモン汁

使ったレモンは悪くなる前にしぼってビンに入れて冷凍保存。

ブーケガルニ

ポロネギの皮が出たら「ブーケガルニ」を作るチャンス！ブーケガルニとはフランスの煮込み料理などに使われる香草の束のこと。セロリやローリエ、パセリなど香味野菜をポロネギで巻けばできあがり。冷凍しておくと重宝します。

パセリ

葉はみじん切りにして瓶に入れて冷凍すれば、スープや料理の色どりに。茎の冷凍はブーケガルニにも使用。

柚子

柚子は、季節のものを丸ごとポリ袋で冷凍。凍ったまま皮を削って料理に使い、残りは冷凍庫に戻せばOK。

毎日食べるものだから「手作り」にこだわる！ 脇家の保存食

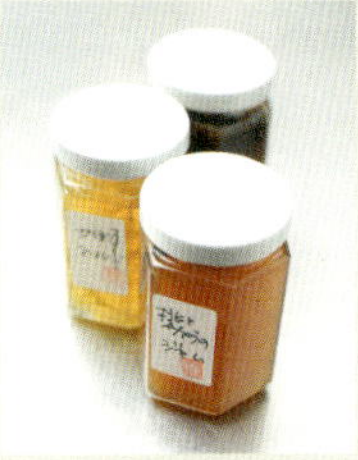

フランスで暮らしてからというもの、気に入った果物があればジャムを作るように。ヨーグルトに入れたりカレーの隠し味にしたり、意外と重宝します。

家族が大好きな梅干し。梅と塩だけで作られているものは少ないので、毎年手作りします。3年、4年と経つと塩が馴染んで美味しい。

手づくり味噌（写真上・下）は、毎年大寒の頃に仕込みます。教室の生徒さんにも分けてあげるので、作る分量はなんと40キロ！

雑貨を活用して家をもっと心地よく

ものが多いリビングやキッチンも、整理整頓に役立ってくれる
雑貨とアイデアで、快適空間にしましょう。
一度きちんと片づければ、あとはルールに従って
出したものを元の場所に戻すだけ。
常にオーガナイズされている空間なら作業もスムーズ、
心ゆたかに過ごせるってわけですね。

Profile
平《ひら》野《の》恵《え》理《り》子《こ》
［イラストレーター・エッセイスト］

山歩きや旅、着物、暦や年中行事、暮らしについてのイラストとエッセイの作品多数。著書に『平野恵理子の身近雑貨』（中央公論新社）などがある。

リビングは、家の中でも最も大切な空間。家族が集まる家の中心でもあり、時間的にも長く過ごす場所でもあります。ここが片づいていなければリラックスもできません。

片づけは、なんでもものを仕舞ってしまえばいいというものでもなさそうです。出しておいたほうがいいものもありますね。それをどう見せるかが大切なのでしょう。

たとえば手紙。家族の誰もが見られるように、届いた手紙は決まった場所に置いておきます。これを入れるのに、私は大振りのガラスの鉢を使っています。見た目もきれいだし、透明なので中身もよくわかるのでと

リビング

Living

アンティークの文鎮

請求書やこれから出す手紙など、忘れないように決まったところに置く。

大ぶりのくず籠

タイの工芸品の竹籠は美しく、部屋に置いてもアクセサリーになる。少しでもゴミがたまってきたら捨ててすぐカラに。

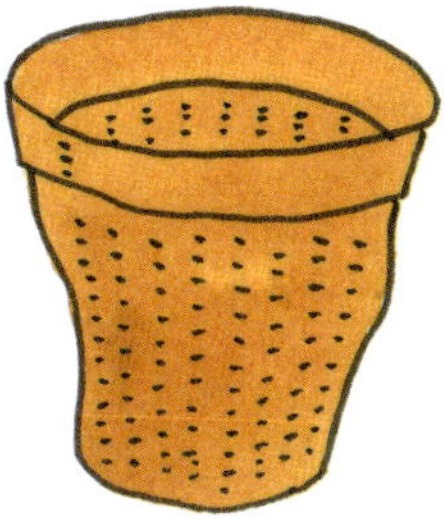

ガラスの鉢

届いた手紙を、まず入れておく。

ても便利。

くず籠も、みんなのゴミが出るから大きめのものがいい。それもきれいな籠だとインテリアアクセサリーとしても活躍してくれます。

そんなふうに考えていくと、私が使う雑貨はどれもガラスや紙、植物など、自然素材の物ばかりです。これで部屋全体の統一感がとれているのかもしれません。

自分の気に入るものはどこか共通点があるもの。自分の選択眼を信じて、「これだ！」と感じたものを使うことが大切なのでしょう。気に入ったものなら丁寧に使うし、使い方のアイデアも豊富に出てきますからね。

◎A4のファイル

古新聞、雑誌をすぐに入れられる。
ふたのできるところがミソ！

◎ティッシュケース

大きな箱はパッケージのまま部屋に置くとうるさい。自然素材のカバーですっきりと。

すぐ真似できる!

半紙を貼っただけのWHITEティッシュBOX

ティッシュBOXのにぎやかな柄も、半紙を貼れば素敵にカモフラージュできます。

How To Make

1　半紙を3cm幅くらいの短冊状に切る。

2　1をのりでティッシュBOXに重ねながら貼り付けていく。

台所
Kitchen

小ぶりの水切りカゴ

ステンレスの網の水切り籠は、用がすんだらすぐ壁にかけて。水をきれるし、スペースも広くなる。

キッチンツール立て

アメリカの大ぶりな陶器の筒。種類別にして戸棚へ。

幅細の棚

シンクの上の狭い棚に置ける木の棚は、最もよく使うものを並べておけて便利。

なんといっても片づけの大変なのがキッチン。調味料にキッチンツールに鍋釜、ゴミまで本当にものがいっぱい。ショールームのキッチンのようにすっきり美しいのは理想だけれど、そうそう現実のお台所はうまくはいきません。

まずは自分の台所仕事にあった片づけを目指します。いつも使っている道具や調味料を、いかに使いやすく、清潔に保っておくか。

基本は、リビングと違って**キッチンではなるべく水や火のまわりはものを出しておかず、しまってしまいます**。出しておくのは本当に頻繁に使う物だけ。空間をなるべく広く使うため

バリ島の四角い籠

たおれやすいボトルをまとめて入れる。

脚つき籠

お芋やタマネギの保存用に。

シンク下に収まるゴミ箱

戸棚にぴったり入るゴミ箱で、スペースすっきり。

に、水切りカゴなど壁に掛けられるものは掛け、ボトル類などまとめるものは一カ所にまとめます。

ゴミ箱も、外に出ていると足元の邪魔なので、シンク下にぴったり収まるものを用意したら、とても気持ちよく動けるようになりました。ただ、床に置いておきたい根菜類の保存籠などは、美しい竹籠を見つけたのでそれを利用しています。

見せるもの、しまうもの、まとめるものを見極めて空間をうまく使えば、作業も掃除もしやすくて、台所仕事も楽しくなること請《う》け合《あ》いです。

ズボラでも、子どもが小さくても大丈夫！

「放り込み」「見えなければOK」の史上最ラク収納&片づけ法

Profile
村《むら》越《こし》克《かつ》子《こ》［フリーライター］

編集会社勤務を経て、生活情報誌を中心に家事や家計など家庭まわりをテーマに取材・執筆活動を続ける。著書に『汚い部屋から今度こそ絶対抜け出す本』（共著・永岡書店）などがある。

イラスト／かわしまちかこ

「収納達人」と言われる人のお宅に伺うと、リビングがスッキリしているのはもちろんのこと、普通なら他人には見せたくない押し入れ、キッチンの収納棚、洗面所の引き出しに至るまでスッキリ片づいているものです。収納がキチンとできているからこそ、散らからないのでしょう。つまり、収納と片づけはワンセットというわけです。

　となると、大雑把な性格でキッチリ収納が苦手な人は、スッキリ片づいた部屋はあきらめなくてはならないの？　答えはノー。大雑把さんは、自分の性格に合った収納をすればいいのです。それが「放り込み収納」と「見えなければＯＫ収納」。入れ物や置き場所をだいたい決めて、とりあえずそこに入っていればよしとします。

「夫や子どもがモノを出しっぱなしにする」と嘆いている人は多いものですが、入れるだけなら簡単なので、夫や子どもでもできるはず。自分で片づければ、自分で出せるようになり「あれどこ？」からも解放されて一石二鳥です。

あなたの「片づけられない度」チェックテスト

次の項目のうち、思い当たるものをチェックしてください。あなたの「片づけられない度」を判定します。さて、いくつ当てはまるでしょう？

1	2日以上前に使ったモノが出しっぱなしになっていることがよくある。	
2	リモコンがよく行方不明になる。	
3	ソファやベッドの上にいつもモノが置いてある。 	
4	1日に3回以上、探しものをする。	
5	家族に「あれどこ?」と聞かれることが多い。	
6	食事をするときは、まずテーブルの上のモノを片づける。	
7	前に使っていた携帯電話の充電器がある。	
8	1年以上前にもらった病院の薬がある。 	
9	出がけに、着たい服や靴が見つからないことがよくある。	
10	CDケースと中身が違っていることがある。	
11	雑誌、新聞、洋服などを床の上にじかに置くことが多い。	
12	ここ半年、人を家に呼んでいない。	

判定

0～3個の人

あなたは片づけられる人です。でも、自分ばかりが片づけ役になっていませんか？　家族も参加できる収納&片づけ法で、もっとラクしてみては？

4～6個の人

最近、ときどき片づけを怠けがちなのでは？ズボラさんでもできる収納&片づけ法なら、面倒な手間なしでスッキリ部屋をキープできます。

7個以上の人

あなたは「片づけられない人」かもしれません。史上最ラクの収納&片づけ法なら、今日から片づけられる人に大変身、間違いなし！

Part 1

放り込み収納

おすすめ収納グッズ 1

布製バッグ

布製バッグの利点は持ち手がついているので、どこにでも引っかけられること。使用しないときは、たたんでしまえる点も便利。使っていないモノがあれば、収納に使ってみて。

読みかけの新聞・雑誌

ダイニングテーブルのイスの背もたれにバッグをかけ、新聞や雑誌入れに。夫が朝食を食べながら読んだ新聞も、これなら自分で戻しやすいはずです。

資源ごみ

牛乳パックや発泡トレーなどスーパーの回収箱に入れる資源ごみは、エコバッグにIN。買い物に行くとき、そのまま持ってスーパーに。

そもそも大雑把な性格の人には、スペースを仕切ったり、小分けして収納するのは不向き。そこで、おすすめなのが、まとめてザックリ入れる「放り込み収納」。

中はゴチャついていても、そこは大目に見ます。入れるだけなので、ズボラな夫でも小さな子どもでも片づけられ、外出前や急な来客など時間がないときでも、とりあえずモノが出しっぱなしの状態を回避することができます。

放り込むだけと言っても、おおよその分類は必要。しまうモノの大きさ、使うシーン、使う人などに分けて「この中に入れる」と決めます。

これだけで、行き場のないモノたちの散らかりと、モノを探す手間から解放されるはずです。

おすすめ収納グッズ 2 ファイルケース

マチがなく紙類を入れるだけのクリアファイル、マチのあるファイルケースなど種類はいろいろ。入れるものを大雑把に決めるだけで、分類収納できます。

書類

家電の取扱い説明書と保証書、生命保険や火災保険の契約書などは、それぞれクリアファイルに挟んでから、ファイルボックスに立てておくと出し入れが簡単です。

学校からのプリント ちょいテク管理法

「○月○日　二男遠足」など必要なことだけをメモし、日付が近いものが上になるようにコルクボードに貼り出します。1番上だけをチェックすればいいので、きょうだいが多くても管理がラクチンです。

おすすめ収納グッズ 3 カゴ&箱

中身を見せたくないために、フタつきのモノを選んだり、クロスをかけたりしがちですが、夫や子ども用のモノはカバーなしにするのが正解。彼らには、カバーをかけるというそのひと手間ができないので、結局、自分がかけることになります。

子どものおもちゃ

おもちゃの大きさによって、カゴや箱のサイズを調整します。ぬいぐるみと小さなフィギュアを、一緒に入れるのはNG。ポイポイ入れるだけなので、小さな子どもでも片づけられます。

玄関の小物たち

家のカギ、車のキー、宅配便の受け取り用の印鑑、DMをその場で開封するためのはさみなど……。玄関にあると何かと便利なモノを、小さめのカゴか箱に入れておきます。

リモコン

テレビ、DVDレコーダー、エアコンなどリビングで使うリモコンは、すべて1つのカゴか箱にIN。「リモコンはここに入れる」を徹底すれば「リモコンどこ？」が解消します。

食べかけのお菓子

テーブルの上にそのまま置きがちですが、それではいかにも出しっぱなしという感じ。かと言って、見えない場所にしまうのは面倒。カゴに入れるだけで片づいた感が出ます。

子どもの作品

幼稚園や学校、家で作る工作や絵はしまい場所に苦労するもの。子ども1人につき1個、大きめの箱を用意して、いっぱいになったら、処分するモノを子ども自身に決めさせます。

脱いだ服

1～2回着た部屋着など洗濯はしないけど、タンスにしまうのはちょっと、という服はカゴに入れるのが散らかり防止策。たたんで入れる必要はなく、放り込むだけでOKです。

夫グッズ

財布、携帯電話、時計、たばこなど夫が出勤するときに携帯するセットをひとまとめに。夫も自分用の入れ物とわかれば、自分で出して、帰宅したらここに置くようになるはず。

Part 2

見えなければOK収納

雑誌の取材特集などでよく「見せる収納でおしゃれに」といった企画があります。でも、モノを見せる＝出しっぱなしにして、おしゃれに見せるには、それなりのセンスが要求されるものです。

　色や材質をそろえたり、室内全体のインテリアテイストと調和させる必要があります。出しておく個数や並べ方にも気をつかい、ズボラさんにはハードルが高いはず。

　その点、モノを見えない場

おすすめ収納グッズ 1 引き出し

つい細かく仕切って使いたくなりますが、ズボラさんは背伸びをしないほうが無難。この引き出しは文房具、こっちは薬というように、1つの引き出し＝1アイテムにしましょう。そのほうが家族も覚えやすく、自分で出し入れできるようになります。

文房具

ペン、はさみ、テープ、メモ帳、電卓、クリップ、ホチキスなど「文房具」に分類されるものはオールIN。全部一緒だとゴチャつくようなら、箱を１～２個入れて仕切ってもよし。

手紙、写真

写真はデジカメやパソコンで見ることが多くなりましたが、プリントして、まだアルバムに整理していない写真を入れておきます。年賀状もここに。

薬

救急箱の引き出しバージョンです。めん棒、ツメ切り、耳かきなどのケア用品もここに。「薬とケアグッズは、この引き出しを探せばいい」と家族にもわかりやすくなります。

タダでもらった試供品、ポケットティッシュ

街中でもらった試供品、ティッシュなどは、１つの引き出しに集合させます。ただし食品はNG。ときどき中をチェックして、半年以上そのままのモノは処分。

おすすめ収納グッズ 2

靴箱

来客の第一印象を決める玄関こそ、見せない収納でスッキリさせたいものです。玄関のモノの隠し場所と言えば、何はさておき靴箱。まずは、履かなくなった靴を処分し、シーズンオフの靴を移動させて、スペースを確保しましょう。

所にしまう「見せない収納」は、センス不要。出ているモノが少ないほど、部屋がスッキリ見えるのは、今さら言うまでもありません。

同じ種類のモノや、同じ場面で使うモノを一カ所に集中収納すれば、出し入れもラク。出しっぱなしが自然となくなります。

スリッパ

来客時にしか使わないスリッパは、カゴに入れて靴箱の中に。玄関先がスッキリします。

折りたたみの傘、レインコート

玄関のドアを開けたとき、雲行きが怪しいと感じたら、すぐに取り出せて便利です。

子どもの外遊び道具

砂場グッズ、ボールなど子どもの遊び道具の他、ガーデニング用のシャベルやじょうろを入れても。

コレは使える! 収納グッズたち

普段は収納以外の用途に使っているモノの中にも、収納グッズとして重宝するモノがあります。ぜひ、ためしてみてください。

洗濯ネット

ネット状なので中身が一目瞭然。フックなどに簡単に引っ掛けられるのも利点です。お風呂場の子どものおもちゃ、レジ袋入れなどにも。

100均の仕切り

プラスチック製の薄い板状で、スペースに合わせて、手でパチンと折れるようになっています。深さや奥行きのある引き出しの仕切りに最適。

ブックエンド

細かく仕切るのが苦手な人でも、これなら簡単。縦に収納した冷凍食品のなだれ防止、タンスの引き出しの衣類の仕切りなどにも活用できます。

ビデオケース

見なくなったビデオテープは処分しても、ケースは収納グッズにリサイクル。DM、メモ帳を入れたり、シンク下の扉に接着し、ふりかけ、削り節などを入れてもよし。

もう散らからない！

キレイが続く収納講座

これまで仕事柄、いろんなお宅を拝見してきました。その中で感じたことは、収納が整っていないために、モノに振り回されている人が多いということでした。〝収納〟という作業は、難しくて大変だという印象がどうしてもあります。

でも、ポイントさえ押さえれば、散らかりにくい部屋に無理なくすることができます。

家は生活の核となるものです。キッチンで楽しく料理するためにも、リビングで家族がくつろぐためにも、一度収納を見直してみましょう。

イラスト／東原克江

Profile

大《おお》御《み》堂《どう》美《み》唆《さ》［インテリアスタイリスト］

インテリアスタイリストとしてTV・雑誌・CMなどで活躍。手作りを得意とし、インテリア小物なども制作。『部屋がどんどん片付く本』（昭文社）ほか著書多数。
http://www.omido.com/

片づける意識を家族で共有してオシャレな部屋をキープしよう

使い勝手のよい収納が一番なのですが、それだけでは物足りない、というのも事実。オシャレな雰囲気にして、人から「素敵な部屋ね」と褒められたいという願望は誰にでもあります。

それには、〝隠す収納〟と〝見せる収納〟をバランスよく取り入れることが重要です。まずは、簡単にできる〝隠す収納〟からスタートして、テクニックの必要な〝見せる収納〟へと進めていきましょう。

そして、**使ったモノは使った人が、元の場所に片づける。** このルールを徹底すれば、部屋は散らかりません。そのためにも、家族全員がしまう場所をしっかり把握できるような収納にしましょう。

押さえたいポイントは、**家族の動線に合わせてモノの置き場所（指定席）を決め、適切な収納用品を選んで入れること。** そうすれば、「ハサミはどこ？」「爪切りがない！」といったようなことはなくなります。家族みんなで協力しながら、キレイなお家をキープしてください。

色にも気を配ろう！

部屋をすっきり見せるには、色使いも大事。収納グッズの色は、床や壁面と同系色にすると、落ち着いた雰囲気が生まれ、部屋が広く見えます。あまり色数を増やすと雑然とした感じになるので、できるだけ色数を絞ってください。

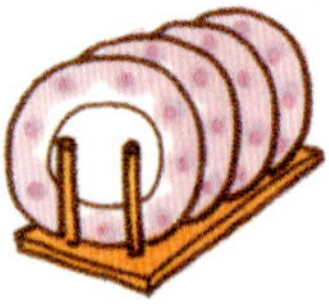

“隠す”収納“見せる”収納

少しずつ取り組んで、いつでも人を呼べる理想のお部屋にしましょう。

✦ すっきりと“隠す収納”

統一性のないモノが並んでいたり、
生活臭のあるモノがたくさん目につくと、
オシャレには見えません。
目隠しアイテムを使って、
雑然としたコーナーをカバーしましょう。

布地・カーテン

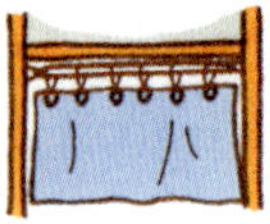

柔らかなイメージを求めるなら、布地を使ったカーテン仕様の目隠しがおすすめ。突っ張り棒を通して、可愛いピンチで簡単にとめてもグッド。生地の色は壁面と合うモノに。

アクリル板の扉

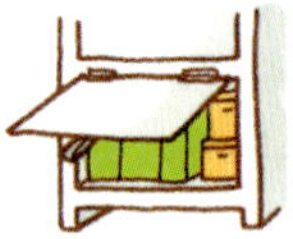

棚に、アクリル板をカットして蝶番《ちょうつがい》をつけたモノをセットすれば、スタイリッシュな扉の完成。下側に取っ手をつけると使いやすくなります。2色を組み合わせて使っても素敵です。

ボックス・カゴ

棚やクローゼットに細々としたモノを収納する場合は、蓋《ふた》つきボックスやカゴに入れてからしまうとすっきりします。奥行きがある棚なら、2列に並べることで収納量がグンとアップ。

カッティングシート

リビングのサイドボードや食器棚の中がモノでゴチャゴチャしているときは、ガラス戸にカッティングシートを張り、見えなくするのも一つの手。接着剤も不要で気軽に挑戦できます。

✦オシャレに“見せる収納”

**使用頻度の高いモノは、しまいこむよりも取り出しやすい場所に出しておくほうが、労力も時間もカットできます。

収納するモノのデザインにもこだわり、センスよく置いてください。**

雑誌・CD

本や雑誌はサイズや背表紙の色で、ある程度分類しましょう。
表紙が可愛い本や、スタイリッシュな装丁のCDは、棚などに立てかけて見せてしまってもOK。そのコーナーに目が行って、見られたくない所から目をそらす効果もあります。

ファッション雑貨

よく使うアクセサリーや髪留め、時計などのファッション雑貨類は、しまいこんでしまうと選びづらく、放置すれば散らかる一方。
オシャレなトレイやコルクボードを使って出したまま収納すれば、見た目も美しく、使いやすくなります。

子どもグッズ

リビングのコーナーや子ども部屋などに、自立式ハンガーや園芸用トレリスを設置して、子ども自身にジャケットやバッグ、帽子を掛けさせます。
「使ったモノは元に戻す」という収納の基本が身につく上に、可愛いインテリアにもなります。

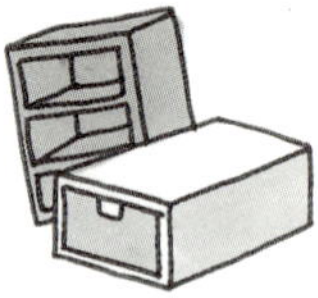

片づけやすい収納

使い勝手を考えた収納術を身につけましょう。

✦ベストな収納場所の見つけ方

モノを使った後にしまう場所が遠いと、とりあえず一時置き。この繰り返しが部屋を汚してしまう原因です。散らかさないコツは、すぐに元の場所に戻せるような収納場所をあらかじめ決めておくことです。

① 誰が・どこで・何を使うかチェック

使いたいモノがすぐに使えないとイライラが募ります。その上、探すのに手間がかかり、貴重な時間を浪費することに。この問題を解決するためには、「誰が」「どこで使うのか」を表にして、一番使いやすい場所にそのモノをしまうことです。必要なら買い足して、数カ所に分けて置いてください。

なくなりやすいモノの分類表

	物	誰が	どこで			
			キッチン・ダイニング	リビング	バス・トイレ	各自室
衛生品	爪切り 耳かき	父		○		○
		母	○	○		○
		子		○		
健康器具	体重計	父			○	
		母			○	
		子			○	
文具類	ハサミ・鉛筆 ホチキス メモ帳	父		○		○
		母	○	○		
		子	○	○		○
本・CD	新聞	父		○		○
		母	○	○		
	雑誌	父	○	○		
		母	○	○		
		子		○		○

② 生活動線をチェック

ダイニングに夫の背広、リビングのソファに子どものジャンパー……。本来の収納場所にしまってくれれば、こういう事態は起こりません。でも、何度言っても変わらないということも。そこで発想の転換。家族各々の生活動線をチェックし、よく置きっぱなしになっている場所に、一時的な収納場所を作りましょう。

書けばうまくいく!

モノの選び方&捨て方テク

モノが少なければ、片づけも掃除も短時間ですみます。
しかしどうやって、「選ぶ」「捨てる」を判断したらいいのでしょう。
それは、ずばり「書いて整理する」ことです。
頭の中だけで考えると難しく思えることでも、紙に書いてみると、
そんな単純なことだったのかと気づくはずですよ。

Profile
すはらひろこ［一級建築士、インテリアコーディネーター］

総合情報サイト「All About」収納ガイド。TV出演・講演等多数。共働き経験を活かした収納術は無理なくできると好評。著書に『使う・戻す・しまうがうまくいく！1分からはじめるかたづけ術』（だいわ文庫）などがある。

イラスト／ナカニシ・マナティー

Part 1

服・靴・バッグ 身につけるモノ

どこにあるのか見つからない。
久しぶりに着ようと思ったらシワだらけ。
着ていく場所もないのに衝動買い。
身につけるモノに
こんなストレスを感じていませんか？
服・靴・バッグなどには、
思いやこだわりがあり、
さらに好みやサイズ、流行が関係してくるため、
整理はラクではありません。
捨てられないし買いたいし、という気持ちと、
どう折り合いをつけて決断するのか。
書くことがその気持ちの整理につながります。

1 年表で服装プランを立てる

学生時代の服は40歳過ぎたら着られない。わかっていても傷《いた》んでいないから捨てられない。身につけるモノには、いつか使う、まだ使えるという未練が絡《から》みます。**ダイエットすれば着られる服でも、目標サイズになったら新品をご褒《ほう》美《び》に買うほうがいいのでは？**

そんなご褒美の予定も含めて、数年後の自分や家族をイメージしながら、長い目で見た服装プランを立ててみましょう。成長の早い子どもの服も、手放しやすくなりますよ。

私の服装プラン年表

年月、家族の年齢、予定を書けば、必要な洋服が見えてきます。

	パパ	ママ	ゆーちゃん	まーくん	私の服装
2013年	38歳	36歳	3歳	1歳	日常着
					※洗濯しやすいもの
2016年	41歳	39歳	6歳	4歳	保護者服
	テニス	テニス	テニス		テニスウエア
2019年	44歳	42歳	9歳	7歳	
				サッカー	ママの応援服
		仕事復帰			仕事服

❷「捨てる」「買う」付箋で管理する

捨てられないモノや買いたいモノを付箋に書いてみましょう。何となく捨てられなかったモノでも理由まで書くと、残すことの価値や捨てることの意味に納得できるはず。どうしても買いたかったのに、それほど必要ではなかったと冷静に判断できることも。

捨てる・買う予定が決まったらリスト表へ貼り替えます。判断が3カ月でつかなかったら潔《いさぎよ》く「捨てる・買わない」というルールにすれば、無駄買いと場ふさぎ予防になります。

付箋リスト表

付箋に商品名と捨てられない・買いたい理由、日付を明記しましょう。

捨てられない

ロング丈のウールコート
高かった
でも着る機会がない
(1月18日)

6センチヒールのブーツ
1回しか履いていない
でも、マメができる
(1月18日)

ベージュのハイネック
形が好き
でも、毛玉が目立つ
(1月18日)

買いたい

黒のペンシルパンツ
トレンド
毎日はける
(1月18日)

紫のストール
黒い服のアクセントになる
手持ち服に変化がでる
(1月18日)

❸ 見切りは ジャッジリストで

迷いながらも何となく持っているという曖昧な気持ちを整理するには、決断をするための基準を持つと簡単です。**それでも迷ったら、1回使ってみるといいでしょう。納得すれば手放しやすくなります。**

よい状態のものなら、リサイクル店やフリー・マーケットを利用。お気に入りは修理・リフォームして再生させるのも手です。外出着から普段着へと格下げしたり、雑巾に転用するとしても、使い切れないほど残さないようにご注意を。

不要のジャッジリスト

チェックした項目が多いほど、見切りのタイミングです。

- □ サイズが合わない
- □ 1年間使っていない
- □ 使用感が悪い
- □ 古くさい
- □ 傷んでいる
- □ 似たモノがいくつもある
- □ 持っているのを忘れていた
- □ なくても困らない
- □ 修理代がかかりすぎる
- □ モトをとった

身につけるモノの見直しのタイミング

衣類の入れ替えをしない家庭も増えていますが、暑さ寒さを感じたその時期に、何をどのくらい持っているか、収納の中身を点検しましょう。
手持ちのアイテムがわかっていれば、似たようなモノを買う失敗もなくなります。新品同様のものは、季節に先駆けて売ったり譲ったりするのがベスト。

スケジュール （●：点検　△：プチ点検）

	内容	1月	2月	3月	4月	5月	6月	7月	8月	9月	10月	11月	12月
身につけるモノ	衣替え		△			●			△			●	
	リサイクル・フリマ処分期間		●（春）			●（夏）			●（秋）			●（冬）	
	シーズン服が出回る時期		●						●				
	バーゲン	●						●					

道具・日用品・おもちゃ 消費するモノ

Part 2

「また使うかも」「壊れていない」
という理由で、
同じようなモノや古いモノを
いくつも持っていたり、場ふさぎなモノを
いつまでもしまっている人も多いのでは？
近ごろは節約のために、
底値買いのストックが増えていることでしょう。
ですが、モノがありすぎると、
持っていることすら忘れてしまいます。
いただきものや便利な道具の中には、
使いにくかったり気に入っていないものが混ざっていることも。
時には点検することも必要です。

❶ 手持ちの調理道具の点検

便利そうな調理道具を、洗うのが面倒でほったらかしにしていませんか？　便利がウリの商品は吟味して選びましょう。

包丁や鍋などの中には、使い勝手がよいモノを探し求めているうちに数ばかり増えたり、買い替えたのに古い道具がそのまま居座っていたりすることも。キッチンを捜索して要・不要の選別をしましょう。

場ふさぎチェックリスト

使っているか否か、同じものがいくつもないかをチェック。

使っていない「便利な道具」	要	不要	同じモノがいくつもある道具	要	不要
ワッフルメーカー		○	鍋（8つ）	4	4
ホームベーカリー	○		フライパン（5つ）	3	2
アイスクリームメーカー		○	包丁（5つ）	3	2
餅つき機		○	フライ返し（3つ）	2	1
ジューサーミキサー	○		お玉（4つ）	2	2
フードプロセッサー		○	計量スプーン（5つ）	3	2
スライサー	○		栓抜き（3つ）	2	1

必要数の計算表（4人家族の場合）

必要枚数に対して予備が多すぎる場合は、見直しを。

	交換回数/週	必要数	合計	予備
バスタオル	○	1枚/1人	4枚	3枚
浴用タオル	○	2枚/1人	8枚	3枚
シーツ	○	1枚/1人	4枚	1枚
枕カバー	○	1枚/1人	4枚	2枚
布団カバー	○	1枚/1人	4枚	1枚

② タオル・布類の必要枚数を知る

いただきもののタオルは箱のまま、押入れや天袋にしまいがちです。いつか使うかもと思っているうちに、変色が原因で無駄になることも。

そもそも我が家には何枚の替えがあったら良いのか。その必要枚数の目安は、1週間の交換回数と洗濯頻度です。そこを出発点として、当面不要ないただきものはバザーなどで潔く手放しましょう。

③ 消耗品の消費ペースを知る

使えば減る消耗品は、セールでまとめ買いすることが多いはず。それでなくてもペーパー類はセットで販売されているため、ストックする場所を必要とします。

家計の節約になっても、買い過ぎると在庫数の管理が面倒で過不足に煩《わずら》わされることも。我が家の消費サイクルを確かめて、計画的な購入と消費をしたいものです。

消費と補充サイクル

購入単位、消費量、購入タイミングを書き出せば管理がラク。

アイテム	購入単位	消費量	購入タイミング
トイレットペーパー	12ロール	10ロール／月	残1ロール
ティッシュペーパー	5箱	5箱／月	残1箱
洗濯洗剤（液体）	2パック	2パック／月	残半量

④ おもちゃのランク付け

ボロボロでも愛着のあるモノ、新品でも飽きたモノなど、要・不要の判断がつきにくいおもちゃの処分は悩ましいところです。

美醜・高価安価・新旧は大人の判断基準にすぎません。次々と増えるおもちゃは、収納場所に収まる数を目安に、子どもと一緒にゲーム感覚で選んで箱に分けてみましょう。保留箱と愛着箱があると安心です。

ランキング表

3つの箱を用意して、必要度の低いモノから見直しを始めます。

★★★（必要箱）	★★（愛着箱）	★（処分か保留箱）
キャラクターもの	ぬいぐるみ	どんぐり
プラレール	お絵かき帳	貝殻
ブロック	布絵本	小さなおまけ

消費するモノの見直しのタイミング

店舗では棚卸しをして在庫を調べていますね。家庭でも時期を決めて持ち物を点検すると、買いすぎがなくなって節約につながります。
また、使えばなくなるモノは使い切る、ストックは一つと決めておくと管理がラク。いただきものの多い家庭は、バザーを利用すれば周囲に貢献できます。

スケジュール

（●：点検）

<table>
<tr><th></th><th>内容</th><th>1月</th><th>2月</th><th>3月</th><th>4月</th><th>5月</th><th>6月</th><th>7月</th><th>8月</th><th>9月</th><th>10月</th><th>11月</th><th>12月</th></tr>
<tr><td rowspan="4">消費するモノ</td><td>調理道具</td><td></td><td></td><td></td><td></td><td></td><td></td><td></td><td></td><td></td><td></td><td></td><td>●
（大掃除前）</td></tr>
<tr><td>日用品</td><td></td><td colspan="11">毎月の給料日</td></tr>
<tr><td>タオル・布など</td><td></td><td colspan="10">バザーのあるとき</td><td>●</td></tr>
<tr><td>子どものもの</td><td></td><td></td><td>●
（学期末）</td><td></td><td>●
（誕生日）</td><td></td><td>●
（夏休み）</td><td></td><td></td><td></td><td></td><td>●
（クリスマス）</td></tr>
</table>

書いて整理すると、これまでの買い方や使い方のクセがわかります。なくても困らないモノを買っている、使わないのに持っている。その結果としてモノが増えてしまうことに……。書くことの効果は大きいです。
　この機会に何に書くかを決めましょう。手帳を使えば予定と照らし合わせることができます。家計簿なら節約の目安にも。ブログを活用するのも手ですね。書いているうちに、選ぶ・捨てる基準が見えてきます。「書いて整理」で、モヤモヤ解消！　さあ、晴れ晴れとした快適な日々を過ごしましょう。

Part 2

ラクチン! カンタン! 手間なし!

プロが知っている快適家事術

毎日の料理、掃除、洗濯など、
何かと時間がかかってしまう家事。
ちょっとしたテクニックを身につければ、
今までの苦労がウソのように
効率よく片づけることができるのです。
億劫になりがちだった家事もこれで好きになってしまうかも!?

「時間」

「出費」

「ストレス」

をカット!

作業がスムーズに!「システム家事」のすすめ

1日中家事に追われてウンザリしていませんか?

それもそのはず、仕事や社会活動で多忙なのに、家事・育児は孤立無援化しているのですから。

でも!中には上手に両立して暮らしを楽しんでいる人もいます。

彼女らに共通するのは、いちいち考えなくてもムダなく効率的に家事がまわるシステムをもっていることなんです。

Profile

毎《まい》田《だ》祥《しょう》子《こ》［家事アドバイザー］

生活情報専門ライターを経て、家事の専門家に。総合情報サイト「All About」で「家事ガイド」を担当。著書に『いつのまにか家事上手になるシステム家事のすすめ』（家の光協会）などがある。一児の母。

イラスト／かとうともこ

家事モチベーションをあげるひと工夫

家電を味方にする

時短のための投資はムダにはなりません。共働き3種の神器「全自動洗濯乾燥機」「食器洗い乾燥機」「電子レンジ」は今も健在です。家電購入は夫に主導権を握らせると、家事へのやる気を持ってもらいやすくなります。

ToDo リストを作る

「鍋を一つ磨く」「リビングに掃除機をかける」などのToDoリストを作り、終わったら太ペンで消去します。「好きな番組が始まる前に」など、締め切りを作って取り組むと達成感もアップします。

ごほうびを準備する

おやつの時間や映画鑑賞する時間を作るなど、自分の好きなことで小さな「ごほうび」をこまめに設定してみると、家事がはかどります。私はそのために1日に何度でもカフェタイムを作ります。

Step 1

いいこといっぱい！

「システム家事」のメリット

家事をシステム化することで思わぬ効果が期待できます。

●健康的になれる

家事がラクになることでストレスが減り、肉体的にも精神的にも健康に。またスタンバイ家事で、ポジティブになれます。

●コストが減る

動きにムダのないシステム作りをすると、光熱費がカットでき、ムダなモノも買わなくなるので家計的にも大助かり。

●余暇時間が増える

家事を効率化できるため、そのぶん自由時間ができます。家族とのだんらんや、趣味に使える余暇時間が増えます。

●エコ家事になる

家事が簡単でシンプルになるため、ムダなモノやゴミ、洗剤の量も減少します。エコ家事だから地球にもやさしい。

Step 2

基本を押さえよう！

システム作りに大切なこと

まずは、家事をする環境を整えましょう。

●「リセット」から、「スタンバイ」に切り替える

「システム家事」の基本は、効率的な家事の手順を作ることです。
そのために家事は「スタンバイ家事」に切り替えましょう。
スタンバイ家事は、「汚れを落とす」「片づける」など、
リセットをしていく家事ではありません。
「きれいなシンクで気持ちよく料理を開始するために、
シンク磨きや食材の調達をする」とか、
「朝、サクサク支度ができて1日を
快調にスタートするために、
探しモノをせずにすむ準備をする」など、
理想の自分を実現するための家事です。
「あとで動きやすいように、今工夫をする」
ことを心がけましょう。

自分のライフスタイルに合わせる

効率的な家事のシステムは、家事の裏技や便利グッズなど、
情報やモノに振り回されず自分の家庭に合うように作ることが、
成功の秘訣です。
家庭の事情は千差万別。
専業か兼業か、子どもがいるかどうかでも
時間配分や家事の種類と量が違います。
掃除や料理など得意分野も違えば、
お財布事情も違います。
常に自分のライフスタイルを見つめ直し、
ライフステージなどの大きな変化があれば、
根本からシステムを作りかえるなど、
その時々のベストな家事方法を
作り上げてみてください。

イメージ作りとスケジューリングをする

やるべき雑事がたまって困っているなら、家事の時間割を見直してみましょう。
多忙ながらも暮らし上手な人は段取り上手。
段取りをすることでムダ時間をカットできるのです。
たとえば、**寝る前や空き時間に**
「家事が上手くまわっている様子」を
シミュレーションしたり、
食事の支度など動かせない家事と、
多少の融通が効く家事で優先順位を
つけたりしてみましょう。
優先順位は紙に書き出すと整理しやすいですよ。
また意外とたまり、時間を食うのが領収書や
写真などの整理、家計チェック、
友人知人への連絡といった小さな雑用。
雑事の時間もスケジュールに組み込むと、
気持ちに余裕が生まれ、上手くいきやすいようです。

Step 3 すぐできる!「システム家事」の始め方

家事をシステム化するための具体的な方法を伝授!

●動線と収納の見直し

「システム家事」を始めるために、まずは動線や収納のムダを見直します。
キッチン等の作業場所はもちろん、家族共用の場所も、
誰もが使いやすい場所に作りかえましょう。
初心者には「きれいなテーブルの徹底」が
おすすめ。
散らかりがちなDMや領収書等には
一時置き場を設け、
一緒に最低限の文房具とゴミ箱も
セットしておけば、
「紙類お片づけシステム」の完成。
あとは時間があるときに
まとめて整理・収納を。

●ワン・アクションを心がける

置き場所や作業の順番を工夫することで、ムダな動作をカットできます。
たとえば、鏡や窓ガラス拭きはタオルを戻す動作で
汚れや毛羽が再付着しますが、一方向に拭けば大丈夫。
手間も時間も半減します。
最小限の動作でできるワン・アクションを目指しましょう。

朝食

コンロや湯沸かし器と茶葉の距離は最短に。わが家では、コンロ脇の調味料用引き出しに朝用の紅茶を置き、食器とバターとジャムもひとまとめにしています。

着替え

お風呂上がりに着替える下着は脱衣所に収納場所を作って、クローゼットへ取りに行く手間をカット。脱いだ衣類は各自で裏返しにする決まりにしておけば、洗濯準備も完了。

買い物

日ごろから**「必要な雑貨や食材をメモしておく」「基本の安値を覚えておく」「品質や値段が自分好みのお店を選んでおく」**。こうすれば、お店を行ったり来たりするムダな時間、出費もカット。

●平日の「ついで」&休日の「集中」

休日は「平日の料理や片づけなどをスムーズに流せるスタンバイ作り」を
集中してやり、
平日はその流れにのるという
メリハリ家事のシステムを作ります。
ただし、モノの散らかりや水回りの掃除は
ためないほうがラク。
平日の動きに
「ついで家事」の習慣をつけてしまえば、
休日の家事がラクになります。
上手くなれば
改めて掃除する必要もなくなります。

やってみよう!

「ついで家事」のリストアップ

- ●歯磨きついでに洗面ボウルと鏡をひと拭き
- ●風呂上がりに体を拭くついでに浴室もひと拭き
- ●コンロやレンジは使用後、温かいうちにひと拭き
- ●各自食べたら立つついでに食器をシンクへ運ぶ
- ●部屋へ行くついでにリビングの私物を持っていく
- ●靴を履くついでに不要な靴を靴箱に入れる

料理もシステム化しよう

疲れていても毎日準備しなければならない食事ですから、へこんだ日にこそ楽しめるラクラクお料理システムを。
お財布にも自然にもやさしい自炊生活は、自分や家族もハッピーにして、明日の元気の素《もと》をもらえます。

配置を見直す

ムダな動線はカットし、調理を時短。よく使う調理器具や調味料は、シンクやコンロ前に立って手を伸ばせば届く範囲内に。頻度が低いモノは上下棚に。

献立を工夫する

献立は1～2週間単位で計画し、平日に一から作るのをできるだけ避けます。休日に主菜を下ごしらえしておき、副菜は作り置きできるモノを基本に。

キッチン家電を上手に活用する

キッチン家電は使い方しだいで、忙しいあなたの強力な味方に！

冷蔵庫

冷凍の活用で、平日家事がラクになる上、節約にもなります。長持ちしないホウレン草は固めに茹で、肉や魚は下処理や味付けをして、解凍調理しやすいように小分け＆平たく冷凍を。ラベルを貼ると◎。

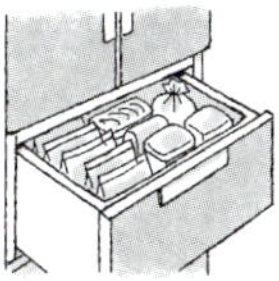

炊飯器

ご飯はまとめて炊いて小分け冷凍すれば、平日がラクになる上、お米を研ぐ手間や光熱費もカット。炊飯器の機種によっては肉の下茹でやスープ、ケーキが作れたりもします。取扱説明書の再確認を！

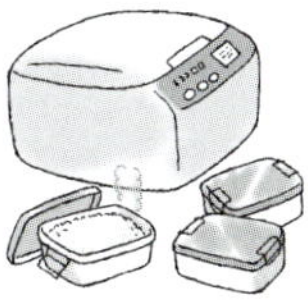

小さな家電

オーブントースターでホイル蒸し等をすれば、ほかの料理と同時進行できます。卓上ホットプレートや鍋料理も調理がラクで時短に。鍋奉行タイプが多い夫たちを調理に巻き込めるかも！

ムダをなくしてラクラク家事に！

効率アップのシンプル家事術

ムダ家事を減らせば、気持ちも部屋もスッキリします。
家は家族団らんの場。
家事をするということは、
その家を大事にするということ。
だからこそ、
「面倒」とか「大変」な思いがあれば、
見直すチャンスです！

「家事をきちんとする」と聞くと、どういうふうに思われますか？　おそらく「しんどい」とか「面倒」というようなイメージを持たれるのではないでしょうか。ところが、「家事をきちんとする」という言葉の本当の意味は、「家事を普通にする」ということです。

「家事って大変」と思っている人は、気づかないうちに普通以上のことをしている場合

Profile
土《つち》田《だ》登《と》志《し》子《こ》
[生活コーディネーター]
居心地のよい暮らし方を様々な角度から提案し、実生活に根ざした家事アイデアが人気。ＴＵ・ＴＩ編集室代表。『使える！ ラクラク家事の裏ワザ556』（ＰＨＰ研究所）他著書多数。
「つっちー☆マジック」
http://ameblo.jp/tuti-magic/

イラスト／かとうともこ

家事がラクで楽しくなる3ステップ

STEP 1 「こうするべき」という自分の思い込みをはずす

なんとなく自己流でやってきた「家事習慣」を、まずは見直してみましょう。手間をかけるときと手早くすませたいとき、それぞれやり方をかえましょう。

STEP 2 モノを見直す

調理道具、掃除道具、洗濯道具……。ムダなモノを「仕分け」し、それぞれのモノに指定席を設けます。いつも使うモノは、取り出しやすい位置に置くようにしましょう。

STEP 3 方法を見直す

家事を「パパッとやるもの」と「きちんとやるもの」に分けて、時間を配分し、家事にメリハリをつけます。料理、掃除、洗濯のそれぞれの工程を分割して考えると、段取りがアップ。

が多いのです。**モノや道具がたくさんある、作業の工程が多い、考えているうちに時間がかかってしまうなど、自分で勝手に抱え込んで家事を大変にしてしまっています。**

「料理や掃除をするのは苦手だし、嫌い」「洗濯物を干すのが億劫《おっくう》」など少しでも家事ストレスを感じているのなら、見直しのチャンスです。この機会に、普段の家事を振り返ってみましょう。

　まずは、チェックを織りまぜながら料理、掃除、洗濯の項目別に、ムダな作業を減らし効率的に進める方法をご紹介していきます。実践すれば、「家事がきちんとこなせる」ようになりますよ。

料理

「家にある食材」を出発点にし、3日分ずつで考えると献立が立てやすく、ムダに食材を買うこともありません。あとは、調理道具を上手に活用して短時間で調理しましょう。

モノを見直す　食材のムダをなくす

冷蔵庫内で、肉はここ、漬物はこの場所など指定席を決めておくと、何があるかひと目でわかり、買い物に行く前のチェックがしやすくなります。ストック品にもちゃんと指定席を設けましょう。

家にある食材を確認したら献立作り。メイン料理1＋小さなおかず（汁物は含まない）1を基本の単位として、3日分考えます。メインは前日と異なるものにしましょう。また、「カレーには野菜サラダ」というような我が家のルールを決めておくとラクです。

また、保存がきき活用度の高い食材をストックしておくと便利です。とくにトマト缶と高野豆腐がおすすめ。トマト缶は、パスタにはもちろん、炒めものや煮込み料理の味付けにも使えます。高野豆腐は、鶏肉の代わりにフライや炒めものにも。

方法を見直す

調理法のムダをなくす

フライパンと電子レンジはおおいに活用しましょう。いずれも、**鍋を使うより使う水が少なく短時間で野菜をゆでられ、煮魚をはじめいろいろな料理ができます。**

下のチェックテストで、あなたの調理法に関する思い込みを発見できます。

●思い込みチェック

1	パスタは必ず鍋でゆでる
2	やきそばのソースは最後に加える
3	フライの衣はバットでつける
4	野菜炒めは硬い野菜から炒める
5	煮魚は食卓に出す直前まで煮る
6	フライはどれも多めの油で揚げる
7	煮魚はいつも鍋で作る
8	今日使う分量だけ作る

ラクラク 家事ガイド

1. パスタはフライパンでゆでて味をつけるとラク。水カップ３とトマトジュースカップ１でゆで、スープパスタ風にしても。

2. 野菜を炒めるときにソースを加えたほうが、野菜のエキスとソースがうまく混ざり、しかも麺が水っぽくなりません。

3. フライ衣はビニール袋一つでつけられる。具を入れ、小麦粉、卵、パン粉の順に入れてもみ込むだけ。

4. 野菜は切り方を工夫すれば、１度に炒められる。にんじんや野菜の芯など硬い食材は、できるだけ薄く切る。

5. 煮物は温度が下がるときに味がしみ込む。魚にある程度火が通ったら、火を止めて30分放置。余熱でおいしさアップ。

6. ハムなど、そのままでも食べられるモノは、フライ衣をつけてフライパンで少量の油で焼くと○。

7. 魚の切り身１切れに酒をふって、電子レンジで６００Ｗで１分加熱し、煮汁を加え１分加熱する。味がしみ込むまで10分おく。

8. ハンバーグのタネなどは、多めに作っておけば、肉団子、そぼろ煮、ドライカレーなどいろいろアレンジが可能。

片づけ&掃除

片づけても、すぐに散らかって汚れてしまう部屋。

毎日のことなので、なるべく時間をかけずにキレイにしたいものです。

普段使っている道具と、片づけ&掃除法を見直して、無理なくできる工夫をしましょう。

モノを見直す

道具を少なくする

汚れに気づいても、わざわざ道具を出すという行動は、やる気を損なわせる原因。「まあ、いいか」「またあとで」と見過ごすことにつながります。

でも、あらかじめ「掃除セット」を用意しておくと、思い立ったときにすぐにできます。家にあるモノを利用すれば、エコと節約になる上、時短家事になります。

●専用洗剤は重曹に

アルカリ性なので、油汚れや皮脂の汚れを溶かします。モノを傷つけない研磨作用と脱臭・除湿効果、水をやわらかくして汚れを落とす効果があり、万能選手。

●雑巾は使い古したタオルで

重いバケツを使い、雑巾を水でぬらして汚れたところを拭き、雑巾を洗ってまた収納する。となれば、使い古したタオルのほうがそのまま捨てられて便利です。

あると便利!

掃除セットを用意しよう!

POINT

小さなカゴに
ひとまとめにしておくと、
スピーディーに掃除が
できます。必要な洗剤類は
各場所に置いておくと
グッド！

ペットボトル（500ml）

水を入れ、バケツ代わりに。この水でタオルやキッチンペーパーを湿らせる。台所用洗剤を2、3滴加えれば窓用洗剤に。

新聞紙

手のひらサイズにカット。丸めてぬらし、玄関掃除や窓磨きに使用。油も吸ってくれる。

使い古したタオル

手のひらサイズに切って、使い捨ての雑巾として活用。

キッチンペーパー

洗面所の水汚れや、台所用洗剤をつけてシンク磨きに。壁の油汚れを落とす湿布や浴室掃除の湿布としても使える。

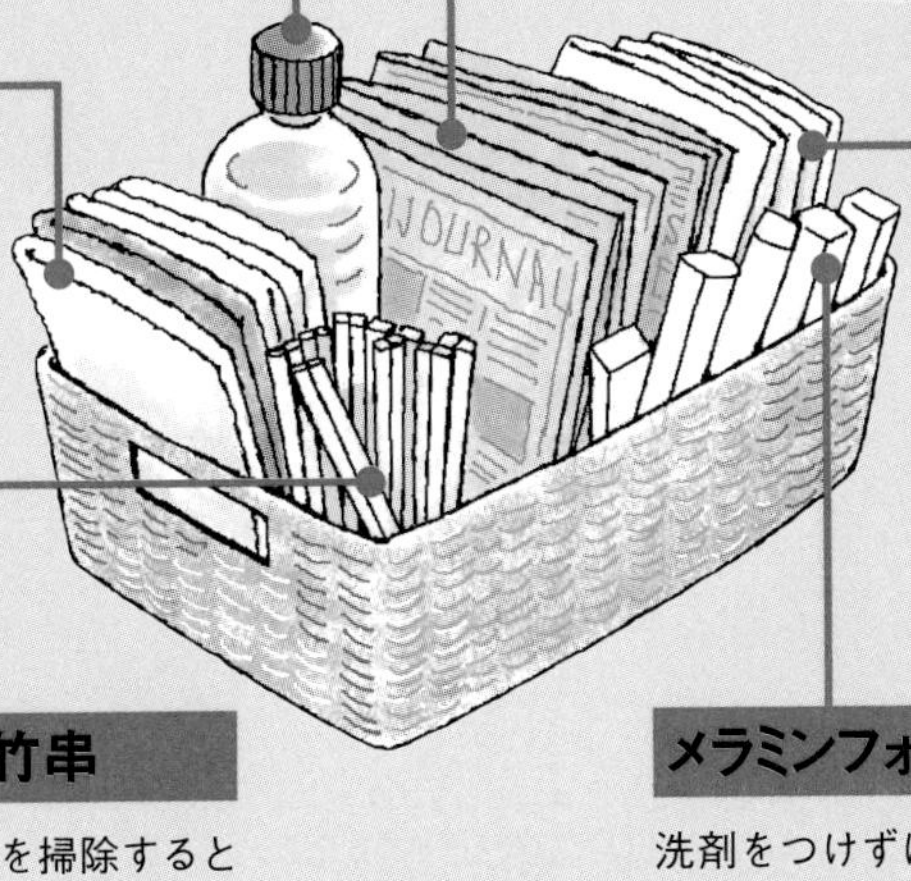

割り箸・竹串

部屋の隅や窓の桟を掃除するときに、使い古したタオルを巻きつけて使う。こびりつき汚れにも。

メラミンフォームスポンジ

洗剤をつけずに、手アカや水アカ汚れが落とせる。

方法を見直す

ピンポイント掃除で美しく

家の中を一度に全部キレイにするのは無理なので、片づけ&掃除をピンポイントでしましょう。お客様目線で部屋を見ると、ゴチャゴチャした部分や汚れが見えてきます。その部分を重点的にキレイにすれば、スッキリとした印象に。

●お風呂

□お風呂から出るときに、壁に水シャワーをかけてタオルで拭く。
□浴槽のお湯を落としたら、四隅に重曹をひとふりしておく。

Memo
入浴後は必ず換気扇を回すこと。重曹をふると、あとの掃除がラク。

●トイレ

□床、タンクの上、便座をサッと拭く。
□便座のふたを閉める。
□スリッパをそろえる。

Memo
トイレマットは汚れの温床なので、できれば敷かない。スリッパは薄い色にすれば、ホコリが目立たない。

●玄関

□出ている靴をしまう。
□傘立ての傘を整頓する。
□たたきを掃除する。

Memo
装飾品は、多くても3つに。

●ベッドルーム

□ライトや鏡台などの目立つホコリをとる。

Memo
毎朝ベッドの布団は半分に折り、湿気をとばすように。

●洗面所

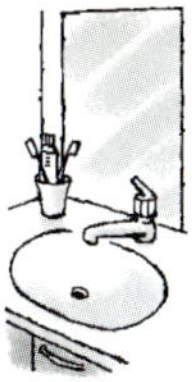

□洗面台まわりに出ているものをしまう。
□洗う前のタオルで、洗面ボウルをサッとひと拭き。
□蛇口と鏡をピカピカにする。

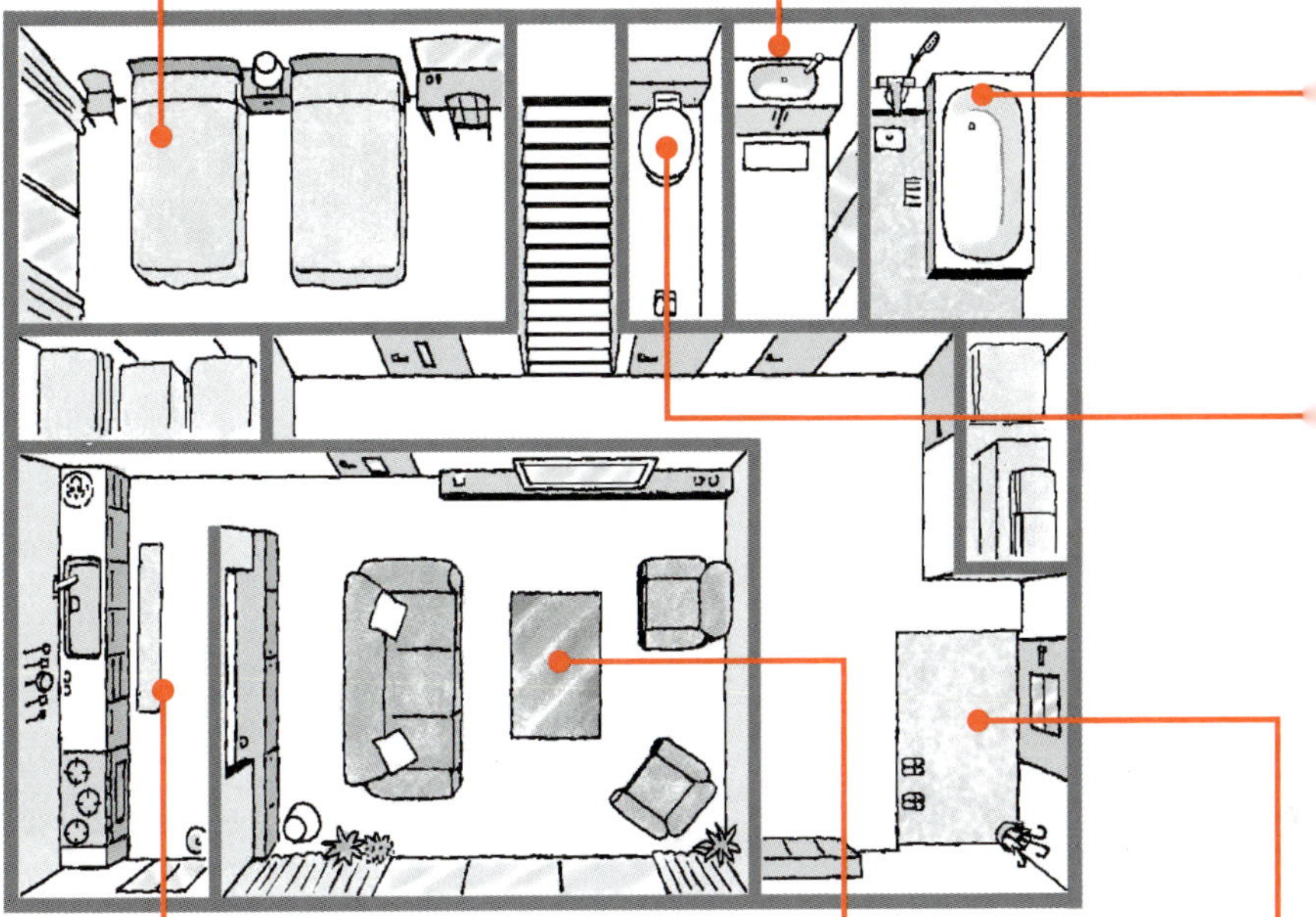

●キッチン

□シンクまわりに出ているものをしまう。
□油汚れがついているところを拭く。
□冷蔵庫についている手アカを拭きとる。
□窓を開けて換気する。

●リビング&ダイニング

□床は、部屋の隅とテーブルの下だけ掃除する。
□個人のモノをそれぞれの部屋に。
□ソファに座った正面を片づける。
□テーブルの上を整理する。

column《コラム》

幸せがやってくる部屋作りのコツ

すぐにできる! エリア別 お片づけ風水

**毎日過ごす家から私たちは元気や運をもらっています。
でも、知らぬ間に運気を下げる行動をしていることも……。
この機会にチェックしてみましょう。**

イラスト／ミチヒロ　リコ

Profile
工藤《くどう》沙美《さみ》
[風水コンサルタント]

英国公認インテリアデザイナーとしての知識と、中国正統派風水とを融合させたアドバイスが人気。日本生活空間研究会主宰。『快適風水生活』（成美堂出版）など著書多数。http://www.fusui.biz/

風水は、自然エネルギー＝「気」を取り込んで、快適な生活空間を作る環境学です。**運を高めるために一番大事なのは、ラッキーアイテムを飾ることではなく、よい「気」が流れる空間を作ること。**

覚えておこう！ 基本のNG

NG! 壊れたものを捨てない

使えなくなった電化製品や欠けた食器などを、高かったからと捨てずに持っていませんか？ モノに対する未練はネガティブなエネルギーを生むので、さっさと処分しましょう。

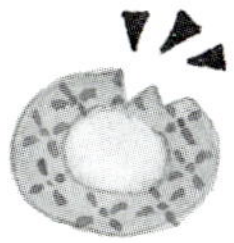

NG! 汚れたものを放置する

きれいなところに運はやってきます。ゴミや使った食器をそのままにしておくと運気はダウン。ふたつきのゴミ箱を使うなど、汚いものが目につかない工夫をすることが大事です。

NG! 何でもかんでも飾っておく

贈答品や記念品などは、「せっかくもらったから」と何気なく飾りがちです。でも、自分の好みではないモノは運気を下げるので、部屋に飾るのは避けてください。

NG! 使わないモノをとっておく

もう着なくなった服や、使わなくなった道具などをいつまでも保管していると、新しい運気が入るスペースがなくなります。処分する判断力を養うことは、運気アップにつながります。

風水 基本のき

陰と陽

自然界に存在するすべてのモノは、陰または陽の性格を持っています。陰と陽は対立しつつ、お互いを補い合っています。

陰 水・北・冬・夜・地・影・女・暗

陽 火・南・夏・昼・天・光・男・明

相生《そうじょう》と相剋《そうこく》

万物は、「木」「火」「土」「金（メタル）」「水」の5つのエレメントで作られています。エレメント同士がよい影響を与え合う関係を「相生」、互いに破壊し合う関係を「相剋」と呼びます。

[相生]

[相剋]

家の中がいつも散らかっていると、心が休まらずイライラしたり疲れたり。それでは運気が下がり、幸運も遠のいてしまいます。まずは不要品を処分して、モノを減らしましょう。家の中を片づけるだけで、運は上向きます。

また、何気なく置いているモノや何気なくしていることが、じつは運気を逃す原因になっていることも。ここではその点に注目し、部屋ごとにやめなくてはいけない「NGインテリア」を紹介しますので、ぜひ参考にしてください。

きちんと部屋を片づけてからお気に入りの開運アイテムを飾れば、幸せをしっかり引き寄せられるでしょう。

お片づけ風水❶ キッチン

効率よく調理するためにも、運を上げるためにも、モノが出ていないすっきりキッチンが理想。

また、キッチンは相剋《そうこく》の関係である「火」と「水」を司《つかさど》るものが混在する場所なので、２つの仲を緩和する木製のアイテムを上手に取り入れるのがポイントです。

さらに運気アップ!

きれいな箸を使う

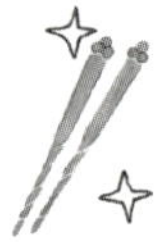

口から「気」が入るので、食べ物を運ぶ箸は重要。塗りが剝げていたり、先が欠けたりしていないかこまめにチェックを。毎日きれいな箸を使うことで、幸せを呼び込めます。

冷蔵庫の中身を整理

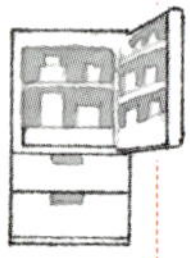

冷蔵庫は健康運の源です。きちんと整理し、取り出しやすくしてください。冷蔵庫の外側は、マグネットやメモをつけるのはやめてスッキリさせましょう。

NG! 冷蔵庫の上に電化製品を置く

冷蔵庫「水」と電化製品「火」は相剋の関係。ミキサーやコーヒーメーカーなどを冷蔵庫の上に置くときは、間に木の板を挟めば相剋の関係を解消できます。

NG! 包丁やハサミが出しっぱなし

風水では、刃物などとがったモノは殺気を出すと考えられており、運気を低下させます。使ったあとはすぐに洗って、見えない場所にしまいましょう。

NG! 調理器具が出しっぱなし

レードルや計量スプーンなどをごちゃごちゃ壁にかけたり、鍋やフライパンを見える所にたくさん置いていると気が滞ります。使い終わったら見えない場所に保管を。

NG! 台所に財布を置いておく

キッチンは火を使う場所です。「火」と「金」は相剋の関係なので、財布をキッチンに保管するのは×。買い物から帰ってきて、財布が入った鞄をキッチンに置いている人は要注意です。

NG! シンクやコンロ下に食品を収納

シンクの下は「水」の気が強いので、食品に陰の気が移り、食べた人の運気を下げてしまいます。コンロの下も「火」の気が強すぎ、やはり収納には不向きです。

お片づけ風水❷

リビング

家族が集うリビングは、広々としたスペースを作り、常に気の流れがいい状態にすることが大事です。電化製品は気の流れを乱すので、必要最低限にしましょう。

またソファを置く場合は、ドアが見える位置にし、ドアを斜めに見る場所を家主の指定席にすると、金運がアップします。

さらに運気アップ!

角に観葉植物を飾る

部屋の四隅は、気がよどみがちになります。それを補ってくれるのが観葉植物。植物には邪気を祓《はら》うパワーもあるので、リビングにはぴったりです。ただし、針のようにとがった植物、サボテンなどは避けたほうが○。

NG! 掃除機を見える場所に置く

すぐに使えるからと、掃除機をリビングに置いておくのは×。中には陰の気を持つゴミが詰まっています。どうしても置きたい場合は、パーティションや布で隠すようにしてください。

NG! 床にモノを置く

雑誌やＤＶＤなどを、床に積み重ねていませんか？　床は気の通り道です。床にモノを置いていると見た目が雑然とするだけでなく、気の流れを悪くします。きちんと整理して棚に収納するようにしましょう。

NG! DMをためこむ

毎日のように送られてくるDMは、届いたらその場で目を通し、不要なものは即刻処分してください。ためこむと有益な情報を逃すことに。即断することで判断力が身につき、運も上昇します。

NG! モノで窓をふさぐ

風水では、窓からよい気が入ってくると考えます。前にモノを置いて窓をふさいでしまうと、せっかく来たチャンスをつかみ損ねてしまいます。窓の前はすっきりとした状態にしておきましょう。

お片づけ風水❸

子ども部屋

部屋の大きさは家族の力関係を表すため、子どもがわがままにならないよう、子ども部屋は両親の部屋より広くならないようにします。

片づけは、子どもが小さいうちは手伝い、大きくなったら一人でさせましょう。

さらに運気アップ!

原色を取り入れよう

照明を明るくし、インテリアに子どもの気を高める赤や黄色などの原色を取り入れましょう。おもちゃ箱にカラーボックスを利用するのもおすすめ。

金属製アイテムは北西に

子ども部屋の北西に、トロフィーやメダル、コインなど、金属製アイテムを置くとグッド。先生や見守ってくれる人とのよい出会いがあります。

NG! おもちゃが片づいていない

おもちゃは、きちんと箱に収納を。特に戦車や戦闘機など戦いのおもちゃは、見えない場所に保管してください。遊ぶのはかまいませんが、飾っておくと気を高ぶらせ運を下げます。

NG! プリントが散乱

学校からもらってくるプリントはどんどん増えていきます。きちんと整理していないと勉強運の低下に。ファイルを買ってきて、子どもに自分で管理させましょう。

NG! 本棚に本がいっぱい

不要になった教科書や読まなくなった本は処分を。ためこんでいると新しい知識が入ってこなくなります。また、本棚のように棚が多い家具は殺気を出します。影響を受けないためには、本の背を手前にそろえておくと○。

NG! ベッドの下にモノを置く

つい何か押し込みたくなるのが、ベッドの下。でも、気の流れの妨げになり、健康運を下げるのでやめましょう。しかも入れたら最後、なかなか奥のモノを出すことはなく、ホコリのたまり場に。

片づけたら置こう!

運別 ラッキーアイテム

部屋がきれいになったら、幸せを呼ぶアイテムを置きましょう。ラッキーアイテムは、たくさんあれば効果が高まるというものではないので、数を絞ることが大切です。運気アップを願う方角にセンスよく飾ってください。

健康運アップ

飾る方角　東

アイテム

花・竹・籐製品・観葉植物・桃・炭

金運アップ

飾る方角　南東

アイテム

船・水・カエル・壺・ミカン

家庭運アップ

飾る方角　東

アイテム

祖先の写真・家族写真

仕事運アップ

飾る方角　北

アイテム

魚・ガラス製品・柿・カメ・フローティングキャンドル

置き方のポイント

床にじかに置かない

たとえラッキーアイテムでも、床にじかに置くのはNGです。掃除がしにくいだけでなく、空気の流れが滞り、陰の気がこもってパワーをなくしてしまいます。

掃除してから置く

掃除ができていない所にラッキーアイテムを飾っても、パワーが充分に発揮されません。飾ったらそのまま、ホコリをかぶっていたということもないように。

気に入ったモノを置く

好きなモノを身のまわりに置くと、見ていてパワーがもらえ運気が高まります。色や素材、形にもこだわって、納得がいく気に入ったモノを飾りましょう。

PHP くらしラク〜る♪とは

『PHPくらしラク〜る♪』は、月刊誌『PHP』の増刊号として刊行している、主婦が何気ない毎日をラクに楽しく過ごせるように応援する生活情報誌です。料理、掃除、収納、お金管理、段取り術といった家事から、人間関係やストレスなどの心理問題、開運方法など、主婦なら誰もが関心のあるテーマを、その道の専門家の解説で紹介しています。忙しい主婦が見てすぐに真似できるように、イラストや写真、チェックテストを多用して、暮らしに関する最新のノウハウを分かりやすく満載しています。

装丁　印牧真和

カバーイラスト　タオカミカ

カバー写真　小堺正紀、三好宣弘

レイアウト・DTP　クエスト

編集協力　クリーシー

この本は、『PHP増刊号 くらしラク〜る♪』の2010年2月増刊号、2010年9月増刊号を元にしたムック『「片づけ」革命』(2011年1月発行)を、版型を変え、再編集したものです。

キレイがず〜っと続く「片づけ」の秘密

2013年 2 月 1 日　第1版第1刷発行
2013年10月25日　第1版第3刷発行

編　者　『PHPくらしラク〜る♪』編集部
発行者　小林成彦
発行所　株式会社PHP研究所
東京本部　〒102-8331　千代田区一番町21
エンターテインメント出版部　☎03-3239-6288(編集)
普及一部　☎03-3239-6233(販売)
京都本部　〒601-8411　京都市南区西九条北ノ内町11
PHP INTERFACE http://www.php.co.jp/

印刷所
製本所　図書印刷株式会社

ISBN978-4-569-81030-0